OEUVRES
COMPLÈTES
D'ÉTIENNE JOUY.

TOME XVII.

ON SOUSCRIT A PARIS:

Chez JULES DIDOT AÎNÉ, rue du Pont-de-Lodi, n° 6;
BOSSANGE père, rue de Richelieu, n° 60;
PILLET aîné, imprimeur-libraire, rue Christine, n° 51;
AIME-ANDRÉ, quai des Augustins, n° 59,
Et chez l'AUTEUR, rue des Trois-Frères, n° 11.

ŒUVRES
COMPLÈTES
D'ÉTIENNE JOUY,
DE L'ACADÉMIE FRANÇAISE;

AVEC DES ÉCLAIRCISSEMENTS ET DES NOTES.

Poésies légères.

PARIS
IMPRIMERIE DE JULES DIDOT AINÉ,
RUE DU PONT-DE-LODI, N° 6.
1825.

ESSAI

SUR LA POÉSIE LÉGÈRE.

On a trop souvent essayé de donner un code à l'imagination ; cette faculté libre et brillante se joue d'une critique qui veut l'asservir. De toutes ses productions, la poésie légère est celle qui semble, par sa nature, devoir échapper le plus facilement à l'entrave des règles. Je chercherai donc moins à l'analyser qu'à la faire connaître par des exemples. Je donnerai, en peu de mots, son histoire ; je ne me charge point de sa législation.

L'homme qui doit être considéré comme le type, si je puis ainsi parler, du genre d'esprit qu'exige la poésie fugitive, c'est Voltaire. Roi de son siècle, et cachant le despotisme de sa pensée sous des graces toujours nouvelles, l'infatigable mobilité de son esprit lui soumit le domaine entier de l'intelligence, et il garda toutes ses conquêtes. Tantôt, ramassant toutes ses forces, il attaque de front l'armée innombrable des erreurs et des préjugés, qu'il enfonce de toute part ; tantôt il inonde le pays de troupes légères, et se contente de harceler l'ennemi.

Voltaire ne s'est point abaissé jusqu'à la poésie légère : il l'a élevée jusqu'à lui. Chef du parti philosophique, et fondateur d'une nouvelle école littéraire, il ne se contentait pas de fatiguer la renommée de sa gloire, l'admiration de ses succès, et ses ennemis par ses vengeances ; il se délassait en fixant dans ses vers brillants les impressions passagères de l'ame la plus mobile qui fut jamais.

Voltaire, éminemment français, est, pour ainsi dire, le représentant des facultés intellectuelles qui distinguent cette nation également habile à toutes les idées, et accessible à tous les sentiments. Doit-on s'étonner que le premier écrivain dont s'énorgueillisse la nation française ait excellé dans un genre qui leur convenait si bien à tous deux?

La poésie légère est à la haute poésie ce qu'une saillie est à un trait d'éloquence; c'est l'expression la plus vive de l'émotion du moment; elle tient de l'improvisation, et, s'il fallait la définir, je la nommerais *un sentiment brillant et prompt*, exprimé tantôt avec naïveté, tantôt avec finesse, mais toujours avec grace.

DES DIFFÉRENTS GENRES

DE POÉSIES LÉGÈRES.

Long-temps la France n'eut que des poésies légères. Toutes nos richesses poétiques consistaient en *joyeusetés folâtres*, comme dit Montaigne.

On lit encore avec plaisir la plus grande partie des vers de Marot, et quelques petites pièces de Remy-Belleau, Desportes, Dubellay, où déja se trouvent un sentiment d'harmonie, une heureuse finesse de pensée, un naturel et un abandon, que ne doit pas dédaigner aujourd'hui notre littérature affaissée (comme le disait Henri IV à propos de Philippe II) sous le poids de ses couronnes.

Le besoin d'exprimer en sentences cadencées un sentiment tendre, une idée riante, une malice ingénieuse, est le premier qui se soit fait sentir à la muse française; et la poésie légère, qui lui dut la naissance, se divisa en une foule de genres, dont quelques uns se sont effacés, depuis que la poésie elle-même, prenant un plus grand essor, a produit de plus grands ouvrages.

Le lai, le virelai, la villanelle, le dialogue pastoral, le sirvente, le tenson, la pastourelle, le sonnet, la ballade, le rondeau, ont été depuis long-temps répudiés par nos poètes.

Il est difficile d'établir une barrière exacte et des limites bien précises entre les autres genres de poésies légères qui sont parvenus jusqu'à nous, et que nous avons adoptés; presque tous confinent à des genres particuliers de la haute poésie.

La chanson est une espèce d'ode, et l'ode n'est qu'un chant plus élevé : ces deux espèces se confondaient chez les Grecs

L'épigramme, le conte, et la fable ont des rapports moins intimes, mais tout aussi réels avec la *comédie* et la *satire.*

La cantate n'est qu'une scène du véritable mélodrame, si vaguement appelé opéra.

La romance participe de l'élégie par le sentiment tendre qu'elle exprime, et du genre épique par la narration.

L'inscription, le *madrigal*, le *distique*, et le *quatrain* ne sont que des pensées aimables, gaies ou satiriques, exprimées en quelques vers.

Parcourons avec rapidité ces différents genres, et commençons par celui qui est cultivé de nos jours avec le plus de succès. Nous y reconnaîtrons le caractère véritable de la poésie légère, la grace de la pensée, et la vivacité de l'expression.

LA CHANSON.

L'homme qui, ému d'un sentiment tendre, vif, ou léger, prolonge ses accents, les module et varie les tons de sa voix en mêlant des paroles à cette expression naturelle, fait une chanson. Le guerrier Scalde qui s'écriait sur le champ de bataille :

« Corbeaux, voici votre pâture; nos ennemis sont morts :
« remerciez-moi; venez, voici votre pâture; » et qui accompagnait ces mots d'inflexions diverses, faisait une chanson militaire.

Cette origine est commune à toutes les espèces de chansons. Les règles sont nées ensuite du nombre même des exemples, et ont été données à cette manière d'exprimer son émotion par une alliance intime du chant et du langage; car, à défaut de règles étroites, Boileau l'a dit :

Il faut même en chansons du bon sens et de l'art

Tout ce qui se chante ne se nomme pas chanson. Je ne fais pas entrer dans cette catégorie la cantate, l'hymne, et l'ode. Les anciens, dont les mœurs plus fortes et plus naïves tendaient toujours à une plus grande élévation, ont confondu ces différents genres. Ils portaient, dans leurs productions les plus légères, cette gravité, cette élégance qui donne un prix aux moindres choses.

L'ame ardente de Sapho immortalisa ses peines dans des chansons amoureuses, dont nous n'avons que des fragments *plus précieux que l'or*, au dire de Lysimaque.

On retrouve avec moins d'ardeur, mais avec plus de grace et d'élévation, le même mérite dans les petites odes d'Horace. Anacréon n'a fait que des chansons, dont il est difficile d'apprécier le mérite, si l'on n'est pas initié aux mystères de la poésie grecque : une heureuse mélodie, quelques idées gracieuses composent toute la magie de ce poète, dont la couronne, que le temps n'a pas effeuillée, se flétrit chaque jour sous la main pesante des commentateurs.

Je ne m'arrête pas sur l'origine plus ou moins ancienne de ce petit poème, et j'ai de bonnes raisons pour m'en tenir à l'opinion d'Aristote, qui prétend que les lois ne sont que des chansons, et qui en donne pour preuve que les unes et les autres s'exprimaient en grec par un même mot, νομος.

La chanson, parmi nous, est un petit poème marqué d'un rhythme populaire et facile : passant de bouche en bouche, et rapide comme la renommée, il devient l'expression de tout un peuple, qui répète ses refrains joyeux ou passionnés. Comme la chanson se prête à tous les sentiments, elle emprunte aussi tous les tons. Gaie, tendre, satirique, philosophique, jamais fée n'eut dans ses mains un prisme plus variable. La seule teinte qu'elle rejette est celle du pédantisme.

Si je cherche à établir une espèce d'ordre dans un sujet qui en comporte si peu, je trouve d'abord la chanson religieuse, la chanson politique et patriotique, la chanson guerrière, la chanson philosophique, la chanson satirique ou vaudeville, dans laquelle les Français ont sur-tout excellé, et qui a fait dire que la France était une monarchie tempérée par des chansons ; la chanson de table ou bachique, la chanson anacréontique ou érotique; la chanson grivoise qui est l'abus et l'excès de ce dernier genre; enfin la chanson burlesque ou parodie, qui tient de la chanson grivoise et de la chanson satirique. Il est inutile de répéter que tous ces genres rentrent assez souvent l'un dans l'autre, et qu'il est impossible d'en déterminer exactement les limites.

LA CHANSON RELIGIEUSE.

De tout temps l'exaltation religieuse a produit des chants, et les hymnes se sont élevées vers le ciel avec la fumée des premiers sacrifices. Sans parler des hymnes d'Orphée, des *pœans* ou cantiques sacrés des Grecs, de ceux des adorateurs du soleil, dont on retrouve quelques vestiges dans les fragments du Zendavesta; sans nous occuper de ces chants hébraïques, connus sous le nom de psaumes et de prophéties, passons à cet usage populaire des chants inspirés par la religion chrétienne, par cette religion qu'on peut appeler la foi du pauvre et la consolation de tous, puisqu'elle établissait sur la terre l'égalité morale. De là, ce dessein d'exprimer sous le chaume des sentiments religieux, qui n'avaient encore eu d'échos que sous les voûtes de marbre. Les villageois chantaient, à leurs veillées, cette étable honorée d'un berceau divin; et les superstitions se mêlant aux dogmes, on traduisit bientôt en paroles cadencées toutes les rêveries des imaginations faibles et ardentes.

Sans élévation comme sans grace, ces chansons, appelées cantiques et noëls, sont curieuses, comme monuments de l'esprit humain; elles n'offrent néanmoins aucuns matériaux pour l'histoire littéraire de la chanson. Pour trouver quelques traces d'une haute pensée, revêtue d'une expression heureuse, il faudrait sortir des bornes de notre sujet, et citer quelques uns des cantiques latins de l'ancienne Église. Mais, à moins de tout confondre, on ne peut ranger dans la classe des chansons le *Stabat mater*, le *Vexilla regis*, et plusieurs autres hymnes, qui portent, dans leur gothique latinité, quelque chose de la farouche énergie, et du saint enthousiasme de ces temps de barbarie et de superstition.

Les exemples ridicules seraient plus faciles à citer. La plus connue, comme la plus burlesque des vieilles chansons religieuses, est celle que le peuple adressait à l'âne, que l'on fêtait autrefois comme l'animal choisi par Dieu même pour porter son fils à Jérusalem.

> Eh, sire âne! eh! chantez!
> Belle bouche rechignez,
> Vous aurez du foin assez,
> Et de l'avoine à plaurez [1].

Nous verrons bientôt comment la malignité satirique, s'emparant du rhythme des anciens cantiques, transforma en épigrammes licencieuses la niaiserie des vieux noels.

Il existe une chanson religieuse peu connue et qui mérite de l'être; c'est une espèce d'hymne que les protestants en armes chantaient au feu de leurs bivouacs. Quand ces hommes poursuivis avec tant de fureur, et qui se défendaient avec tant de courage, veillaient la nuit dans leur camp, ils redisaient en chœur les paroles suivantes, pour se défendre du sommeil:

« Grand Dieu! la nuit sortit de tes mains puissantes « pour donner le repos à l'homme, et le jour pour le con- « vier au travail. Il est nuit; nous veillons pour le repos « de nos frères!

« Tu as choisi tes enfants; ne souffre pas, ô Seigneur! « que leurs paupières se ferment, et qu'ils succombent au « sommeil. Donne-nous encore la fermeté et la vigilance, « après nous avoir fait supporter tant de maux.

« Dans ce camp ton œil veille, ô Seigneur! fais que sous « l'ombre profonde aucune pensée lâche ou profane ne se « glisse dans nos cœurs. Éclaire notre ame de tes clartés, « et guide-nous dans les ténèbres de la nuit comme dans « les ténèbres du monde!

[1] En grande quantité

« Nous te prions pour ceux qui nous persécutent; pour
« le roi, dont la jeunesse est entourée d'ennemis; pour la
« reine, et pour les hommes honnêtes de son conseil [1].
« Inspire aux grands l'humanité pour les petits; que tous
« ils t'implorent, te craignent, et espèrent en toi seul; car tu
« es le juge des hommes, et le seul roi des rois ! »

L'histoire offre peu de traditions d'une aussi sublime simplicité.

LA CHANSON POLITIQUE.

Il y a deux sortes de chansons politiques, celle qu'inspire l'amour du pays, et celle qui a pour objet de se venger par la raillerie des agents d'une autorité injuste ou tyrannique. L'une est à l'usage des nations libres : l'autre est l'expression d'un peuple esclave et spirituel qui joue avec ses fers qu'il n'a pas le courage de briser.

On ne trouve dans les républiques anciennes aucun vestige de cette dernière espèce de chanson.

C'est une bien misérable vengeance que de chansonner ses maîtres. Il est plus beau d'entonner en chœur l'hymne de la délivrance, et de faire retentir la salle du festin de ce chant célèbre d'Harmodius et d'Aristogiton.

« Mon épée est entourée de myrte; elle me rappelle le
« souvenir de nos frères qui ont rétabli l'égalité des lois.

« Harmodius et Aristogiton frappèrent d'un glaive orné
« de ces feuilles verdoyantes le tyran qui opprimait la ré-
« publique. Mon épée, sois entourée de myrte; je te consa-
« cre à leur mémoire.

« Cher Harmodius, cher Aristogiton, ombres saintes,
« vous n'avez point cessé de vivre : invisibles vous présidez
« encore à nos destinées; vous êtes au milieu de nous, et

[1] Le jeune roi, c'était Charles IX, et cette reine était Catherine de Médicis

« vous souriez à vos amis, alors qu'en votre honneur ils
« couronnent leur glaive de myrte vert.

« Mon épée, sois entourée de myrte, et rappelle-moi sans
« cesse le souvenir de ces deux frères immortels, qui, dans
« Athènes, ont rétabli l'égalité des lois.

« C'était aux Panathénées: Harmodius et Aristogiton
« s'approchèrent du tyran et le frappèrent de leur glaive
« entouré de feuillage! Harmodius! Aristogiton! honneur
« éternel à vos noms! soyez à jamais chers aux citoyens
« d'Athènes, et que le glaive couvert de myrte soit consacré
« à la liberté. »

Jusqu'à nos jours, Harmodius et Aristogiton étaient restés sans imitateurs : de pareils chants n'auraient rien dit à l'ame dans nos modernes monarchies : c'est par la raillerie que l'on s'y vengeait de l'oppression ; c'est par des pasquinades, par des mazarinades, qu'on attaquait les abus du pouvoir; on chansonnait les ministres qui s'en moquaient, pourvu *qu'on payât.*

Je pourrais citer mille exemples de cette espèce de chanson politique, qui paraît être née en Italie, mais dont la France a fini par se réserver le privilège exclusif.

Cette sensibilité vive et presque enfantine, qui faisait dire à Duclos que nous étions *les enfants de l'Europe*, s'est de tout temps exhalée en chansons. On chantait quand les Anglais démembraient le royaume; on chantait pendant la guerre civile des Armagnacs; on chantait pendant la ligue; sous la fronde, sous la régence; et c'est au bruit des chansons que la monarchie s'est écroulée à la fin du dix-huitième siècle.

Il n'est pas un événement de notre histoire qui n'ait été marqué par des chansons; mais dans cette multitude de saillies malignes, gaies, folles, ou furieuses, on chercherait en vain, jusqu'au moment de la révolution, une seule chanson politique digne de quelque éloge.

Ce qui nous reste des chansons de la ligue abonde en traits aigus de satire personnelle. Mais aucun aperçu philosophique, aucune idée fine, aucune image gracieuse, ne percent à travers la rouille grossière qui recouvre ces informes productions. Pour le prouver, il me suffira de citer les moins mauvaises chansons que l'esprit de la ligue ait produites.

Réduit à fuir après la bataille d'Yvri, le duc d'Aumale fut chansonné dans tous les carrefours de Paris.

> A chacun nature donne
> Des pieds pour le secourir;
> Les pieds sauvent la personne :
> Il n'est que de bien courir.
>
> Ce vaillant prince d'Aumale,
> Pour avoir si bien couru,
> Quoiqu'il ait perdu sa malle,
> N'a pas la mort encouru
>
> Ceux qui étaient à sa suite
> Ne s'y endormirent point;
> Sauvant par heureuse fuite
> Le moule de leur pourpoint.
>
> Quand ouverte est la barrière,
> De peur de blâme encourir,
> Ne demeurez point derrière :
> Il n'est que de bien courir.
>
> Courir vaut un diadème :
> Les coureurs sont gens de bien.
> Frémont et Balagny même
> Et Congy le savent bien.
>
> Bien courir n'est jamais vice;
> On court pour gagner le prix
> C'est un honnête exercice;
> Bon coureur n'est jamais pris

La mort de ce même duc d'Aumale, qui fut tué d'un coup d'arquebuse, à la prise de Saint-Denis, près des tombeaux des rois dont il osait combattre les descendants, devint encore le sujet d'une chanson populaire :

> De la fureur qui vous conduit
> Vous vouliez Saint-Denis surprendre ;
> Si, vous a pris le voulant prendre
> Dessus la glace d'une nuit.
>
> De glace sont tous vos desseins ;
> Ils sont fondus à la même heure ;
> Qui dessus la glace s'asseure
> Bien souvent tombe sur les reins
>
> Saint-Denis tient comme en *dépôt*
> De nos roys les corps vénérables ;
> Honte à vous, ligueurs misérables,
> Qui voulez troubler leur *repos*.

Il y a du moins une sorte de naïveté gracieuse dans ce petit couplet sur le prince de Condé, bossu, petit, et toujours amoureux.

> Ce petit homme tant *joli*,
> Qui toujours cause et toujours *rit*,
> Et toujours baise sa mignonne,
> Dieu gard' de mal le petit homme

Laissons ces essais barbares, et tâchons de découvrir ailleurs quelque chant national plus honorable pour les peuples modernes. C'est à l'Écosse qu'était réservé l'honneur de produire un des plus beaux chants nationaux dont la poésie et l'histoire puissent garder le souvenir.

Bruce, en menant ses Écossais au combat contre la perfide Angleterre, chantait les paroles suivantes, sur un de ces airs consacrés par les échos de la Calédonie :

« Écossais ! dont le sang coula jadis avec celui de Wallace; Écossais! souvent menés par Bruce à la victoire; saluez le champ de la gloire, ou saluez votre lit de mort!

« Voici le jour, voici l'heure, voici l'instant des braves. Ce nuage qui s'avance porte la mort: c'est l'armée des tyrans; c'est Édouard, c'est l'oppression, l'orgueil et l'esclavage!

« Où est-il le traître? où est-il le lâche qui veut être esclave? qui veut que sur sa tombe on lise: Il fut un perfide! Que le traître! que le lâche sorte des rangs, qu'il fuie!

« Mais qui veut défendre son roi? Qui veut se battre pour la loi sacrée? Debout ou accablé par la fortune, qui veut marcher libre et tomber libre? Calédoniens! en avant!

« Par les malheurs et les peines de l'esclavage; par vos fils enchaînés, je vous adjure! amis, nous verserons le plus pur sang de nos veines, mais nos fils seront libres!

« Qu'ils tombent les fils d'Albion! Sous chaque blessure qu'un tyran périsse! Que la liberté brille avec le glaive! En avant! et vive la mort, au défaut de la victoire! »

Ce noble enthousiasme n'échauffe aucune des chansons conservées par nos compilateurs, comme souvenirs de nos petites passions politiques; jusqu'en 1774, je ne trouve à citer que ce vaudeville, à l'occasion de l'avénement de Louis XVI, et que l'on a, je crois, faussement attribué à Collé.

AIR: *Des pendus.*

Or écoutez, petits et grands,
L'histoire d'un roi de vingt ans,
Qui va nous ramener en France
Les bonnes mœurs et la décence
Après cela que *deviendront* [1]
Tant de catins et de fripons?
S'il veut de l'honneur et des mœurs,
Que feront nos jeunes seigneurs?

[1] Cette faute de rime suffirait pour prouver que cette chanson n'est point de Collé.

S'il aime les honnêtes femmes,
Que feront tant de belles dames?
S'il bannit les jeux déréglés,
Que feront nos jeunes abbés?

S'il dédaigne un frivole encens,
Que deviendront les courtisans?
Que feront les amis du prince
Autrement nommés en province?
Que deviendront les partisans,
Si ses sujets sont ses enfants?

S'il veut qu'un prélat soit chrétien,
Un magistrat homme de bien,
Que d'évêques, de grands vicaires,
Combien de juges mercenaires
Vont changer leur conduite! *Amen.*
Domine, salvum fac regem.

La révolution, qu'avait prédite en chanson le chevalier de Lille en 1780, éclate quelques années après. L'amour de la liberté embrase tous les cœurs, et des chants vraiment nationaux célèbrent cette grande conquête. Mais bientôt la plus noble des passions s'exaltera jusqu'à la frénésie, et les fureurs populaires déshonoreront une cause si belle. *L'Hymne des Marseillais, le Chant du départ*, dignes de la lyre d'Alcée, enfanteront des héros; tandis que des refrains de sauvages pousseront au pillage et au meurtre une populace en délire.

La république périt au milieu de ses triomphes et de ses excès; l'ascendant d'un seul homme remplace l'énergie nationale, et la servitude glorieuse qu'il impose au peuple français, fait succéder les chants de victoire aux hymnes de la liberté.

La muse patriotique se réveille en gémissant au bruit de la chute du héros; un poëte doué de la grace et de la finesse d'Horace, d'un esprit à-la-fois philosophique et satirique, d'une ame vive et tendre, d'un caractère qui sympathisait avec toutes les gloires, avec tous les maux de son pays, s'assied, la lyre en main, sur le tombeau des braves, et fait répéter à la France en deuil les plaintes harmonieuses qu'il exhale dans des chants sans rivaux et sans modèles. J'ai nommé Béranger; poëte national, il a créé parmi nous ce genre de chansons, et s'est fait une gloire à part dans tous les autres. Par un talent, ou plutôt par un charme qu'il a seul possédé, il a su rassembler dans des poëmes lyriques de la plus petite proportion, la grace antique et la saillie moderne, la pensée philosophique et le trait de l'épigramme, la gaieté la plus vive et la sensibilité la plus profonde, en un mot, tout ce que l'art a de plus raffiné, et tout ce que la nature a de plus aimable.

M. de Béranger excelle dans la chanson politique, et je n'ai que le choix entre plusieurs chefs-d'œuvre du genre, où il a retracé le tableau du despotisme. Je m'arrête à Louis XI, et en indiquant l'air de Dezède sur lequel cette chanson est composée (*Sans un petit brin d'amour*), je fais d'abord remarquer le singulier bonheur du rhythme choisi, qui se prête si bien à la double pensée du poëte.

LOUIS XI.

Heureux villageois, dansons!
Sautez, fillettes
Et garçons!
Unissez vos joyeux sons,
Musettes
Et chansons!
Notre vieux roi caché dans ces tourelles,
Louis dont nous parlons tout bas,
Veut essayer, au temps des fleurs nouvelles,
S'il peut sourire à nos ébats.

ESSAI SUR LA POÉSIE LÉGÈRE.

   Heureux villageois, dansons !
    Sautez, fillettes
    Et garçons !
   Unissez vos joyeux sons,
    Musettes
    Et chansons !
Quand sur nos bords on rit, on chante, on aime,
  Louis se retient prisonnier.
Il craint les grands, et le peuple, et Dieu même,
  Sur-tout il craint son héritier.

   Heureux villageois, dansons !
    Sautez, fillettes
    Et garçons !
   Unissez vos joyeux sons,
    Musettes
    Et chansons !
Voyez d'ici briller cent hallebardes
  Aux feux d'un soleil pur et doux.
N'entend-on pas le *qui vive* des gardes
  Qui se mêle au bruit des verrous ?

   Heureux villageois, dansons !
    Sautez, fillettes
    Et garçons !
   Unissez vos joyeux sons,
    Musettes
    Et chansons !
Dans nos hameaux quelle image brillante
  Nous nous faisions d'un souverain !
Quoi ! pour le sceptre une main défaillante !
  Pour la couronne un front chagrin !

   Heureux villageois, dansons !
    Sautez, fillettes
    Et garçons !
   Unissez vos joyeux sons,
    Musettes
    Et chansons !
Malgré nos chants, il se trouble, il frissonne,
  L'horloge a causé son effroi

Ainsi toujours il prend l'heure qui sonne
Pour un signal de son beffroi.

Heureux villageois, dansons!
Sautez, fillettes
Et garçons!
Unissez vos joyeux sons,
Musettes
Et chansons!
Mais notre joie, hélas! le désespère
Il fuit avec son favori.
Craignons sa haine, et disons qu'en bon père
A ses enfants il a souri.
Heureux villageois, dansons,
Sautez, fillettes
Et garçons!
Unissez vos joyeux sons,
Musettes
Et chansons!

Je ne pense pas qu'il soit possible d'atteindre dans ce genre à un plus haut degré d'élévation, et de fondre avec plus d'habileté, dans un petit drame, rempli de mouvement et d'éclat, les souvenirs de l'histoire, la grace naturelle de la situation, et les leçons de la plus haute philosophie.

LA CHANSON GUERRIÈRE.

Il y a, dit Montaigne, une harmonie courageuse qui échauffe en même temps le cœur et l'oreille. Les chansons militaires ont par-tout animé les hommes aux combats. Ces vers de Tirtée, répétés par les Athéniens au bruit des lyres, avant la bataille de Marathon, méritent de trouver place ici, non seulement comme la plus ancienne, mais comme une des plus belles chansons guerrières qui existent dans aucune langue et chez aucun peuple.

ESSAI SUR LA POÉSIE LÉGÈRE.

Qu'il est beau de mourir à son poste immobile,
 Et de tomber aux premiers rangs !
Qu'il est beau de périr pour sa mère débile,
 Pour son vieux père et ses enfants !
Fuyez, lâches, fuyez, résignés à l'outrage,
 Et nous, marchons aux ennemis.
 Pressons nos rangs, mourons avec courage ;
Il est beau d'expirer en vengeant son pays.

Eh quoi ! de vieux guerriers dont la tête est blanchie
 De l'ennemi bravent les coups.
Ces héros offriraient les restes de leur vie,
 Et nous, ô mes amis, et nous...
Nous les verrions, craignant qu'on n'insulte à leurs mânes,
 Et soulevant leurs bras mourants,
 D'une pudique main dérober.... .
Qui donnèrent le jour à de lâches enfants.

La pruderie de notre langue permet à peine de laisser entrevoir l'énergique pensée que l'auteur grec exprime clairement dans ces deux derniers vers.

Citons encore ce chœur d'Alcée, qu'on ne doit pas être surpris d'entendre appeler *barbare* par les poètes lauréats de nos monarchies modernes [1].

Ne confiez jamais l'espoir de vos batailles
A l'airain protecteur qui défend vos murailles ;
L'airain, l'acier, le fer, le marbre ne sont rien :
Il n'est qu'un seul rempart, le bras du citoyen
Des hommes ! oui, c'est là l'enceinte formidable
Qui seule offre au combat un front inexpugnable ;
L'airain, l'acier, le fer, le marbre ne sont rien ;
Il n'est qu'un seul rempart, le bras du citoyen.

Dans les temps antérieurs à la révolution, cette poésie

---

[1] Je me sers de la traduction que je trouve dans l'excellent ouvrage que vient de publier M. Dupaty, sous le titre, *De l'Art poétique des demoiselles*

sublime ne pouvait avoir rien de commun avec les habitudes de nos camps; l'esprit du soldat français, qui répondait au mot honneur sans rien entendre au mot patrie, n'aurait reçu aucun élan de ces nobles inspirations où s'enflammait le courage des peuples citoyens. La renaissance de la liberté inspira des Tyrtées nouveaux. Obligé de choisir entre plusieurs chansons militaires, supérieures à tout ce que l'antiquité a produit dans ce genre, on ne sera point étonné que je m'arrête à celle qui réveille à-la-fois les souvenirs de notre gloire et de nos malheurs : écoutons Béranger.

LE CHAMP D'ASILE.

Air de la Romance de Bélisaire. (Garat.)

Un chef de bannis courageux,
Implorant un lointain asile,
A des sauvages ombrageux
Disait : « L'Europe nous exile,
« Heureux enfants de ces forêts,
« De nos maux apprenez l'histoire :
« Sauvages! nous sommes Français,
« Prenez pitié de notre gloire.

« Elle épouvante encor les rois,
« Et nous bannit des humbles chaumes,
« D'où, sortis pour venger nos droits,
« Nous avons dompté vingt royaumes.
« Nous courions conquérir la paix
« Qui fuyait devant la victoire.
« Sauvages! nous sommes Français,
« Prenez pitié de notre gloire.

« Dans l'Inde Albion a tremblé,
« Quand de nos soldats intrépides
« Les chants d'alégresse ont troublé
« Les vieux échos des Pyramides.
« Les siècles pour tant de hauts faits

« N'auront point assez de mémoire
« Sauvages! nous sommes Français,
« Prenez pitié de notre gloire.

« Un homme enfin sort de nos rangs,
« Il dit : Je suis le roi du monde
« L'on voit soudain les rois errants
« Conjurer sa foudre qui gronde
« De loin saluant son palais.
« A ce dieu seul ils semblaient croire.
« Sauvages! nous sommes Français,
« Prenez pitié de notre gloire.

« Mais il tombe; et nous, vieux soldats,
« Qui survivons un compagnon d'armes,
« Nous voguons jusqu'en vos climats,
« Pleurant la patrie et ses charmes
« Qu'elle se relève à jamais
« Du grand naufrage de la Loire
« Sauvages! nous sommes Français,
« Prenez pitié de notre gloire. »

Il se tait. Un sauvage alors
Répond : « Dieu, calme les orages ;
« Guerriers, partagez nos trésors,
« Ces champs, ces fleuves, ces ombrages.
« Gravons sur l'arbre de la paix
« Ces mots d'un fils de la victoire :
« Sauvages! nous sommes Français,
« Prenez pitié de notre gloire. »

Le champ d'asile est consacré.
Élevez-vous, cité nouvelle!
Soyez-nous un port assuré
Contre la fortune infidèle.
Peut-être aussi des plus hauts faits
Nos fils vous racontant l'histoire,
Vous diront : Nous sommes Français,
Prenez pitié de notre gloire

La gaieté naturelle à nos soldats avait autrefois donné

naissance à une foule de chansons burlesques ou grivoises, composées au feu du bivouac, ou dans les loisirs du corps-de-garde; une seule n'est pas tout-à-fait indigne d'être conservée : on en jugera par ce premier couplet qui est aussi le meilleur.

> Malgré la bataille
> Qu'on donne demain,
> Çà, faisons ripaille,
> Charmante Catin;
> Attendant la gloire,
> Prenons le plaisir
> Sans lire au grimoire
> Du sombre avenir.

Béranger aussi a chanté la Catin du régiment, mais dans des couplets non moins supérieurs à celui qu'on vient de lire, que les exploits de nos guerriers d'alors ne l'étaient à ceux de nos guerriers d'autrefois.

LA VIVANDIÈRE.

> Vivandière du régiment,
>   C'est Catin qu'on me nomme;
> Je vends, je donne et bois gaiement
>   Mon vin et mon rogome;
> J'ai le pied leste et l'œil mutin,
> Tin tin, tin tin, tin tin, r'lin tin tin;
> J'ai le pied leste et l'œil mutin,
>   Soldats, voilà Catin.
>
> Je fus chère à tous nos héros,
>   Hélas, combien j'en pleure!
> Aussi, soldats et généraux
>   Me comblaient à toute heure
> D'amour, de gloire et de butin,
> Tin tin, tin tin, tin tin, r'lin tin tin;
> D'amour, de gloire et de butin,
>   Soldats, voilà Catin

J'ai pris part à tous vos exploits
 En vous versant à boire;
Songez combien j'ai fait de fois
 Rafraîchir la victoire.
Ça grossissait son bulletin,
Tin tin, tin tin, tin tin, r'lin tin tin,
Ça grossissait son bulletin,
 Soldats, voilà Catin.

Depuis les Alpes je vous sers;
 Je me mis jeune en route :
A quatorze ans dans les déserts
 Je vous portais la goutte.
Puis j'entrai dans Vienne un matin,
Tin tin, tin tin, tin tin, r'lin tin tin;
Puis j'entrai dans Vienne un matin,
 Soldats, voilà Catin.

De mon commerce et des amours
 C'était le temps prospère.
A Rome je passai huit jours,
 Et de notre saint Père
Je débauchai le sacristain,
Tin tin, tin tin, tin tin, r'lin tin tin;
Je débauchai le sacristain,
 Soldats, voilà Catin.

J'ai fait plus que maint duc et pair
 Pour mon pays que j'aime.
A Madrid si j'ai vendu cher,
 Et cher à Moscou même,
J'ai donné gratis à Pantin,
Tin tin, tin tin, tin tin, r'lin tin tin;
J'ai donné gratis à Pantin,
 Soldats, voilà Catin.

Quand au nombre il fallut céder
 La victoire infidèle,
Que n'avais-je pour vous guider
 Ce qu'avait la Pucelle?

L'Anglais aurait fui sans butin,
　　Tin tin, tin tin, tin tin, r'lin tin tin;
L'Anglais aurait fui sans butin,
　　Soldats, voilà Catin.

Si je vois de nos vieux guerriers
　　Pâlis par la souffrance,
Qui n'ont plus, malgré leurs lauriers,
　　De quoi boire à la France,
Je refleuris encor leur teint,
Tin tin, tin tin, tin tin, r'lin tin tin,
Je refleuris encor leur teint,
　　Soldats, voilà Catin.

Mais nos ennemis gorgés d'or
　　Paieront encore à boire;
Oui, pour vous doit briller encor
　　Le jour de la victoire
J'en serai le réveil matin,
Tin tin, tin tin, tin tin, r'lin tin tin,
J'en serai le réveil matin,
　　Soldats, voilà Catin.

Trente années de victoires, souvenirs, regrets, sensibilité, gaieté, grace, et philosophie, tout se trouve dans ce petit poème populaire dont une vivandière est l'héroïne.

LA CHANSON PHILOSOPHIQUE.

Quelques unes des plus belles odes d'Horace ne sont évidemment que des chansons philosophiques et morales. Bien avant lui, les Grecs, qui mélaient à tout des idées de patrie, de liberté, et de philosophie, animaient leurs repas par des chansons de ce genre. Athénée rapporte la chanson suivante, sans en citer l'auteur.

« O Dieux! donnez-nous la santé, qui est la fleur de la « vie! Je vous demanderai ensuite la beauté, qui est l'an- « nonce extérieure d'une vertu pure! Que ma vie s'entoure

« de ces plaisirs qui naissent des richesses bien acquises;
« mais sur-tout que j'aie des amis qui m'environnent de leur
« ombre protectrice, m'inspirent la gaieté pendant mes
« jours heureux, mêlent leurs larmes à mes larmes quand
« l'infortune viendra m'atteindre, et conservent mon sou-
« venir après ma mort. »

Aristote a composé, après la mort de son ami Hermias, la plus belle chanson de ce genre qui nous soit parvenue.

« O vertu sainte! c'est toi que je chante! c'est pour toi
« qu'Hermias a péri dans les combats! Tu es l'objet le plus
« charmant qu'un mortel puisse desirer et poursuivre. Le
« sommeil tranquille est moins doux que toi; l'or est moins
« précieux; la pure amitié moins aimable. Pour un descen-
« dant des Hellènes, tu fus toujours le premier bien de la
« vie. Nous mourons, nous souffrons pour toi. Hercule et le
« fils de Léda ont su te conquérir à force de travaux. Tou-
« jours ton culte protégera le souvenir d'Hermias; et soit
« que l'on célèbre dans de belles hymnes Jupiter hospita-
« lier, soit que l'on vante dans les festins l'héroïsme et l'a-
« mitié durable, le nom d'Hermias sera prononcé. »

Les dévots de ce temps là accusèrent Aristote d'avoir égalé Hermias aux dieux, et la vertu à Jupiter; mais cette fois, sans tirer à conséquence, la justice et la philosophie triomphèrent des efforts de la sottise et de l'hypocrisie.

La chanson philosophique a dû prendre en France une teinte moins sévère; elle se confond quelquefois avec le genre érotique, et plus souvent avec la satire.

La chanson suivante, dont les stances inégales exigeraient une musique d'un rhythme également varié, appartient essentiellement, par le fond des idées, par le charme d'une poésie mélodieuse, par la grace inexprimable d'un style plein d'abandon, au genre de chansons dont elle offre le plus parfait modèle : est-il besoin de dire qu'elle est de Voltaire ?

  Si vous voulez que j'aime encore,
  Rendez-moi l'âge des amours ;
  Au crépuscule de mes jours
  Rejoignez, s'il se peut, l'aurore.

  Des beaux lieux où le dieu du vin
  Avec l'Amour tient son empire
  Le Temps, qui me prend par la main,
  M'avertit que je me retire.

  De son inflexible rigueur
  Tirons du moins quelque avantage ;
  Qui n'a pas l'esprit de son âge,
  De son âge a tout le malheur.

  Laissons à la belle jeunesse
  Les volages emportements ;
  Nous ne vivons que deux moments,
  Qu'il en soit un pour la sagesse.

  Quoi ! pour toujours vous me fuyez,
  Tendresse, illusion, folie !
  Dons du ciel qui me consoliez
  Des amertumes de ma vie.

  On meurt deux fois, je le vois bien.
  Cesser d'aimer et d'être aimable,
  C'est une mort insupportable :
  Cesser de vivre, ce n'est rien.

  Ainsi je déplorais la perte
  Des erreurs de mes premiers ans :
  Et mon ame, aux desirs ouverte,
  Regrettait ses égarements.

  Du ciel alors daignant descendre,
  L'Amitié vint à mon secours.
  Elle était peut-être aussi tendre,
  Mais moins vive que les Amours

Touché de sa beauté nouvelle,
Et de sa lumière éclairé,
Je la suivis, mais je pleurai
De ne pouvoir plus suivre qu'elle.

Parmi les chansons philosophiques, en assez grand nombre, dont s'honore l'époque actuelle, *ma fortune est faite*, par M. Désaugiers, et *le corbillard*, par M. Armand-Gouffé, mériteraient une mention particulière, si *le dieu des bonnes gens*, de notre chansonnier universel, me laissait la liberté du choix.

LE DIEU DES BONNES GENS.

Air du vaudeville de la partie carrée.

Il est un Dieu ; devant lui je m'incline,
Pauvre et content, sans lui demander rien
De l'univers observant la machine,
J'y vois du mal, et n'aime que le bien.
Mais le plaisir à ma philosophie
Révèle assez des cieux intelligents ;
Le verre en main, gaiement je me confie
    Au dieu des bonnes gens.

Dans ma retraite, où l'on voit l'Indigence,
Sans m'éveiller, assise à mon chevet,
Grace aux Amours, bercé par l'Espérance,
D'un lit plus doux je rêve le duvet.
Aux dieux des cours qu'un autre sacrifie ;
Moi, qui ne crois qu'à des dieux indulgents,
Le verre en main, gaiement je me confie
    Au dieu des bonnes gens.

Un conquérant, dans sa fortune altière,
Se fit un jeu des sceptres et des lois ;
Et de ses pieds on peut voir la poussière
Empreinte encor sur le bandeau des rois.
Vous rampiez tous, ô rois qu'on déifie,
Moi, pour braver des maîtres exigeants,
Le verre en main, gaiement je me confie
    Au dieu des bonnes gens.

Dans nos palais, où près de la Victoire
Brillaient les arts, doux fruits des beaux climats,
J'ai vu du nord les peuplades sans gloire,
De leurs manteaux secouer les frimats.
Sur nos débris Albion nous défie :
Mais les destins et les flots sont changeants,
Le verre en main, gaiement je me confie
    Au dieu des bonnes gens.

Quelle menace un prêtre a fait entendre !
Nous touchons tous à nos derniers instants ;
L'éternité va se faire comprendre :
Tout va finir, l'univers et le temps
Oh ! chérubins à la face bouffie,
Réveillez donc les morts peu diligents !
Le verre en main, gaiement je me confie
    Au dieu des bonnes gens.

Mais, quelle erreur! non, Dieu n'est point colère ;
S'il créa tout, à tout il sert d'appui
Vins qu'il nous donne, amitié tutélaire,
Et vous, Amours, qui créez après lui,
Prêtez un charme à ma philosophie,
Pour dissiper des rêves affligeants ;
Le verre en main, que chacun se confie
    Au dieu des bonnes gens

LA CHANSON SATIRIQUE ou VAUDEVILLE.

De tout temps nous avons excellé dans ce genre éminemment national. Boileau en fait remonter l'origine au poème satirique, et le définit en vers charmants.

D'un trait de ce poeme, en bons mots si fertile,
Le Français né malin forma le VAUDEVILLE,
Agréable, indiscret, qui, conduit par le chant,
Passe de bouche en bouche, et s'accroît en marchant ;
La liberté française en ses vers se déploie ;
Cet enfant du plaisir veut naître dans la joie

Sous le rapport de l'étendue, le vaudeville est le poeme

épique du genre; comme il ne se prescrit point de marche régulière, et qu'il va lançant au hasard l'épigramme et la saillie, il ne s'arrête que lorsque l'auteur a épuisé sa verve satirique. Le vaudeville de Beaumarchais sur *les Femmes* n'a pas moins de vingt-sept couplets de huit vers chacun. En politique, le vaudeville est toujours de l'opposition; et c'est à lui seul, comme on l'a dit, que nous avons dû, pendant plusieurs siècles, l'avantage de vivre sous une monarchie tempérée.

Si pendant quelque temps le vaudeville, sous le nom de *Noels*, n'a plus été qu'un organe impur de turpitudes et de diffamations, c'est aux beaux esprits de la cour de Louis XV et de Louis XVI qu'il faut s'en prendre, et l'on doit remarquer, pour l'honneur des lettres, que ces infames productions, dont nous ne voulons pas même rappeler les titres, ont eu pour auteurs les meilleurs gentilshommes du royaume.

Panard est le roi de l'ancien vaudeville; il y atteint quelquefois à la naïveté de La Fontaine, à la malice de Boileau, et à la gaieté de Piron. Aucun chansonnier avant lui n'avait su rendre, à l'aide d'un style piquant, la morale plus gaiement populaire: on n'a point surpassé son adresse dans l'emploi des vers nains et des rimes redoublées : quelquefois un seul de ces couplets, qu'on appelle de facture, offre un tableau de mœurs tout entier.

> Sans dépenser,
> C'est en vain qu'on espère
> S'avancer
> Au pays de Cythère
> Mari jaloux,
> Femme en courroux,
> Ferment sur nous
> Grille et verrous.

Le chien nous poursuit comme loups :
   Le temps n'y peut rien faire.
Mais si Plutus entre dans le mystère,
   Grille et ressort
   S'ouvrent d'abord.
   Le mari sort,
   Le chien s'endort;
Femme et soubrette sont d'accord ;
   Un jour finit l'affaire.

Cette extrême aisance de rimes redoublées est moins remarquable encore, dans Panard, que l'emploi des vers monosyllabiques. Personne n'a su les placer avec autant de bonheur.

   Mettez-vous bien cela
      Là,
   Jeunes fillettes,
   Songez que tout amant
      Ment
   Dans ses fleurettes.

   . . . . . .
   . . . . . .

   Et l'on voit des commis
      Mis
   Comme des princes,
   Qui jadis sont venus
      Nus
   De leurs provinces.

Tout le monde connaît le vaudeville satirique, chef-d'œuvre de Panard, dont je me contenterai de citer le premier couplet.

   Dans ma jeunesse,
   Les papas, les mamans,
   Sévères, vigilants,
   De leurs tendrons charmants

Conservaient la sagesse ;
Aujourd'hui ce n'est plus cela ;
 L'amant est habile,
 La fille docile,
 La mère facile,
 Le père imbécile,
  Et l'honneur va
  Cahin, caha.

Collé, Piron, Jean Monet, Favard, Laujon, ont laissé quelques vaudevilles qui méritent de trouver place dans les recueils, mais qui ne leur assignent, en ce genre, qu'un rang fort inférieur à Panard.

L'espèce d'influence que la chanson vaudeville exerçait sur le gouvernement est assez bien décrite dans les vers suivants, dont j'ignore l'auteur, et que j'ai conservés dans ma mémoire.

Avec Panard, avec Collé
Est mort le joyeux vaudeville ;
L'esprit français est exilé
Et de la cour et de la ville :
Plus de gaieté, plus de couplets ;
A l'ennui la France est soumise :
La Seine imite la Tamise,
Et tout Paris devient Anglais.
On raisonne à perte de vue,
Et même à perte de raison ;
Enfin le spleen est du bon ton ;
 On ne rit plus, on se tue.

Jadis le Français, moins moral,
Et bien plus aimable sans doute,
Se consolait d'une déroute
En chansonnant son général
Si quelque ministre, en cachette,
Lançait des lettres de cachet,
Le lendemain, sous sa serviette,
Il trouvait à table un couplet
Dont un malin le régalait.

Le contrôleur en très beau style
Publiait-il nouvel impôt,
Le peuple français aussitôt
L'enregistrait en vaudeville.
La sultane du grand sérail,
En s'oubliant, s'avisait-elle
De prendre en main le gouvernail,
Momus envoyait à la belle
Son histoire en chanson nouvelle
Sur les feuilles d'un éventail

En un mot la pourpre et l'hermine,
Mitre et mortier, riches et grands,
Chacun passait par l'étamine;
On narguait le malheur des temps
En lui faisant joyeuse mine,
Et l'on riait de ses tyrans.

La monarchie avait fini par des Noëls; la révolution commença par des vaudevilles: l'opposition était alors royaliste; Rivarol et Champceneitz en furent les coryphées, et les *Actes des apôtres* furent remplis d'épigrammes, de diatribes en vaudeville contre le nouvel ordre de choses, et contre les auteurs de cette grande réforme politique. Les partisans de ceux-ci répondirent, également en chansons, par des menaces, qui ne tardèrent pas à s'effectuer, et le vaudeville prit la teinte d'une politique extravagante et lugubre, qui finit par en dénaturer l'esprit. L'histoire littéraire ne conservera de cette terrible époque que les chansons guerrières dont j'ai déjà parlé.

Le régime impérial vit éclore des légions de chansonniers, dont la muse en livrée verte se mit à la solde de la gloire et de la puissance. Une seule chanson, celle du *roi d'Yvetot*, interrompit ce concert de louanges mercenaires. Le vaudeville du *roi d'Yvetot* a commencé la réputation de M. de Béranger d'une manière trop brillante et trop honorable pour qu'on ne me sache pas gré de le transcrire ici. Il n'appartenait qu'à celui qui chanta si courageusement la gloire de la France aux jours de ses revers, de célébrer des vertus pacifiques, et de fronder la manie des conquêtes en présence de Napoléon.

LE ROI D'YVETOT.

AIR : *Quand un tendron vient en ces lieux*

Il était un roi d'Yvetot,
   Peu connu dans l'histoire,
Se levant tard, se couchant tôt,
   Dormant fort bien sans gloire,
Et couronné par Jeanneton
D'un simple bonnet de coton,
     Dit-on
Oh! oh! oh! oh! ah! ah! ah! ah!
Quel bon petit roi c'était là
    Là là.

Il faisait ses quatre repas
   Dans son palais de chaume,
Et sur un âne pas à pas
   Parcourait son royaume;
Joyeux, simple et croyant le bien,
Pour toute garde il n'avait rien
     Qu'un chien!
Oh! oh! oh! oh! ah! ah! ah! ah!
Quel bon petit roi c'était là
    Là là.

Il n'avait de goût onereux
   Qu'une soif un peu vive;
Mais en rendant son peuple heureux,
   Il faut bien qu'un roi vive.
Lui-même à table, et sans suppôt,
Sur chaque muid levait un pot
     D'impôt.
Oh! oh! oh! oh! ah! ah! ah! ah!

Quel bon petit roi c'était là
    Là là

Aux filles des bonnes maisons
    Comme il avait su plaire,
Ses sujets avaient cent raisons
    De le nommer leur père.
D'ailleurs il ne levait de ban
Que pour tirer quatre fois l'an
        Au blanc.
Oh ! oh ! oh ! oh ! ah ! ah ! ah ! ah !
Quel bon petit roi c'était là
    Là là.

Il n'agrandit point ses états,
    Fut un voisin commode,
Et, modèle des potentats,
    Prit le plaisir pour code.
Ce n'est que lorsqu'il expira
Que le peuple qui l'enterra
        Pleura.
Oh ! oh ! oh ! oh ! ah ! ah ! ah ! ah !
Quel bon petit roi c'était là
    Là là.

On conserve encor le portrait
    De ce digne et bon prince ;
C'est l'enseigne d'un cabaret
    Fameux dans la province.
Les jours de fête, bien souvent,
La foule s'écrie en buvant
        Devant :
Oh ! oh ! oh ! oh ! ah ! ah ! ah ! ah !
Quel bon petit roi c'était la
    Là là.

LA CHANSON BACHIQUE.

En continuant à suivre le plan que je me suis imposé, je ferai en quelques lignes l'histoire du genre.

M. de la Nauze, qui a traité un peu trop gravement peut-être ce sujet frivole, apporte le témoignage de Dicéarque, de Plutarque et d'Artémon, pour prouver que les premières chansons de table furent répétées en chœur comme des cantiques, et que l'on avait soin de n'y introduire que les louanges des dieux.

Quoi qu'il en soit, la chanson de table quitta bientôt ce ton sévère. On célébra le pouvoir du vin; et chacun des chanteurs prit pour sceptre une branche de myrte, qu'il passait à son voisin lorsqu'il avait achevé sa chanson et vidé son verre. Quand le voisin ne savait pas chanter, il se contentait de garder la branche entre ses mains, tandis qu'un autre chantait pour lui. De là cette expression populaire, *chanter au myrte*.

Anacréon n'a guère fait que des chansons de table. La meilleure de ces petites pièces bachiques me paraît être celle où il fonde sur la certitude de la mort la nécessité de boire: il y a de la grace dans les raisonnements qu'il oppose à la parque fatale. Tous les chansonniers, depuis, ont adopté sa logique.

Les chansons bachiques d'Horace ont plus de philosophie et de profondeur; il mêle avec un charme extrême aux idées de la joie celles de la volupté et de la philosophie: les guirlandes enlacées par une jeune esclave; un simple repas, le doux murmure des baisers timides, le falerne petillant dans l'amphore, la briéveté de nos jours, l'imprudence de se confier à l'avenir, la folie d'une ambition qui tourmente la vie, et la nécessité d'en jouir, animent ces chansons délicieuses. C'est la morale d'Épicure, enrichie des couleurs d'une poésie délicate et brillante. C'est de lui que Montaigne devait dire: « Il berce la Sagesse au giron « de la Volupté. »

Nos chansons de table ont été fort long-temps des orgies grossières. Celles de maître Adam ne manquaient pas de verve; et si les ouvrages de Démosthène sentaient l'huile, ceux du menuisier de Nevers paraissaient abreuvés de vin. Lafare et Chaulieu prêtèrent à ce genre de chanson une teinte de bonne compagnie; mais ils gardèrent la facilité de leur versification, et l'extrême faiblesse de leur poésie. Les *faridondaine*, les *faridondé*, les *tourelouribo*, régnèrent jusqu'au siècle de Louis XV. Aux tables de nos pères, Dufreny, Panard, et Collé, relevèrent ce genre.

La plus originale des anciennes chansons de table, est sans doute celle de Dufreny. Un buveur s'enivre en pleurant la mort de sa femme. Le son des bouteilles et celui des verres lui rappellent celui de la cloche funèbre; bientôt il les confond.

> Il me souvient toujours qu'hier ma femme est morte,
> Le temps n'affaiblit pas une douleur si forte.
>   Elle redouble à ce lugubre son,
>   Bin bon
>   Eh vraiment ce vin est bin bon,
>   Bin bon, bin bon

De nos jours, MM. Désaugiers, Armand-Gouffé, Francis, et Moreau, ont surpassé Collé et Panard dans la chanson bachique; mais c'est encore à M. de Béranger qu'il faut emprunter le chef-d'œuvre du genre, c'est-à-dire

LA GRANDE ORGIE

Air: *Vive le vin de Ramponeau*

> Le vin charme tous les esprits
>   Qu'on le donne
>   Par tonne!
> Que le vin pleuve dans Paris,
> Pour voir les gens les plus aigris
>   Gris!

Non, plus d'accès
　　Aux procès,
Vidons, joyeux Français,
Nos caves renommées
　　Qu'un censeur vain
　　Croie en vain
Fuir le pouvoir du vin,
Et s'enivre aux fumées

Le vin charme tous les esprits :
　　Qu'on le donne
　　Par tonne !
Que le vin pleuve dans Paris,
Pour voir les gens les plus aigris
　　Gris !

　　Graves auteurs,
　　Froids rhéteurs,
Tristes prédicateurs,
Endormeurs d'auditoires,
　　Gens à pamphlets,
　　A couplets,
Changez en gobelets
Vos larges écritoires !

Le vin charme tous les esprits :
　　Qu'on le donne
　　Par tonne !
Que le vin pleuve dans Paris,
Pour voir les gens les plus aigris
　　Gris !

　　Loin du fracas
　　Des combats,
Dans nos vins délicats
Mars a noyé ses foudres,
　　Gardiens de nos
　　Arsenaux,
Cédez-nous les tonneaux
Où vous mettez vos poudres
Le vin charme tous les esprits :

3.

Qu'on le donne
Par tonne!
Que le vin pleuve dans Paris,
Pour voir les gens les plus aigris
Gris!

Nous qui courons
Les tendrons,
De Cythère enivrons
Les colombes légères;
Oiseaux chéris
De Cypris,
Venez, malgré nos cris
Boire au fond de nos verres!

Le vin charme tous les esprits:
Qu'on le donne
Par tonne!
Que le vin pleuve dans Paris,
Pour voir les gens les plus aigris
Gris!

L'or a cent fois
Trop de poids.
Un essaim de grivois,
Buvant à leurs mignonnes,
Trouve au total
Ce cristal
Préférable au métal
Dont on fait les couronnes.

Le vin charme tous les esprits:
Qu'on le donne
Par tonne!
Que le vin pleuve dans Paris,
Pour voir les gens les plus aigris
Gris!

Enfants charmants
De mamans,
Qui des grands sentiments
Banniront la folie,

Nos fils bien gros,
　Bien dispos,
Naîtront parmi les pots,
Le front taché de lie.

Le vin charme tous les esprits :
　　Qu'on le donne
　　Par tonne !
Que le vin pleuve dans Paris,
Pour voir les gens les plus aigris
　　Gris !

　Fi d'un honneur
　Suborneur !
Enfin du vrai bonheur
Nous porterons les signes ;
　Les rois boiront
　Tous en rond ;
Les lauriers serviront
D'échalas à nos vignes.

Le vin charme tous les esprits :
　　Qu'on le donne
　　Par tonne !
Que le vin coule dans Paris,
Pour voir les gens les plus aigris
　　Gris !

　Raison, adieu !
　Qu'en ce lieu
Succombant sous le dieu,
Objet de nos louanges,
　Bien ou mal mis
　Tous amis
Dans l'ivresse endormis,
Nous rêvions les vendanges !

Le vin charme tous les esprits :
　　Qu'on le donne
　　Par tonne !

Que le vin pleuve dans Paris,
Pour voir les gens les plus aigris
    Gris!

LA CHANSON ÉROTIQUE.

Dans l'ordre naturel, cette espèce de chanson doit avoir précédé toutes les autres. Quoi qu'en disent Hobes et Machiavel, les hommes ont fait l'amour avant de faire la guerre; cet impérieux besoin a dû se faire sentir le premier dans toutes les conditions de la vie. Parmi plusieurs fragments de poésie amoureuse, modulée sur la flûte des sauvages, et que les voyageurs ont recueillis, je citerai de préférence celui dont parle Montaigne.

« Couleuvre, dont les replis laissent sur l'herbe une trace brillante, tes ondulations sont souples et gracieuses comme le beau corps de ma bien-aimée; ton éclat est variable comme ses desirs. Hélas! son amour s'enfuit comme toi, lorsque tu glisses à travers les fleurs. »

Je me bornerai à rappeler ici que plusieurs odes de Catulle et d'Horace sont les premiers modèles de la chanson érotique, et qu'elles seraient encore sans rivales, si, de nos jours, Moore et Béranger n'eussent porté ce genre à sa perfection.

Parmi nous la chanson érotique a suivi et marqué le cours de nos mœurs; long-temps naïve et licencieuse, elle manquait de goût et de délicatesse; Lafare et Chaulieu l'embellirent des deux qualités qui lui manquaient: Gentil-Bernard en adoucit quelquefois les manières délicates, jusqu'à la fadeur, et peut-être ce défaut se retrouve-t-il jusque dans la chanson suivante, de ce dernier auteur, à laquelle on a prodigué tant d'éloges.

« Jupiter, prête-moi ta foudre,
» S'écria Lycoris un jour :

ESSAI SUR LA POÉSIE LÉGÈRE. 39

« Donne, que je réduise en poudre
« Le temple où j'ai connu l'amour.

« Alcide ! que ne suis-je armée
« De ta massue ou de tes traits,
« Pour venger la terre alarmée,
« Et punir un dieu que je hais !

« Médée, enseigne-moi l'usage
« De tes plus noirs enchantements,
« Formons pour lui quelque breuvage
« Égal au poison des amants.

« Ah ! si dans ma fureur extrême
« Je tenais ce monstre odieux !
— Le voici, » dit l'Amour lui-même,
Qui soudain parut à ses yeux !

« Venge-toi ! punis, si tu l'oses ! »
Interdite à ce prompt retour,
Elle prit un bouquet de roses
Pour corriger le jeune Amour !

On dit même que la bergère
Dans ses bras n'osait le presser,
Et, frappant d'une main légère,
Craignait encor de le blesser.

Le même mérite et le même défaut se font sentir dans cette chanson de Bernis, qui n'a pas été moins célèbre du temps où régnait madame de Pompadour.

Le connais-tu, ma chère Éléonore,
Ce tendre enfant qui te suit en tout lieu ;
Ce faible enfant qui le serait encore,
Si tes regards n'en avaient fait un dieu ?

C'est par ta voix qu'il étend son empire ;
Je ne le sens qu'en voyant tes appas.
Il est dans l'air que ta bouche respire,
Et sous les fleurs qui naissent sous tes pas.

Qui te connaît connaîtra la tendresse ;
Qui voit tes yeux en boira le poison :
Tu donnerais des sens à la sagesse,
Et des desirs à la froide raison.

L'hymne à la rose, de Gentil-Bernard, qui commence par ces vers,

Vermeille rose
Que le zéphyr
Vient d'entr'ouvrir,
A peine éclose
Tu vas périr
Sans refleurir,

n'est que le chef-d'œuvre de ce genre musqué.

La grace précieuse et maniérée, l'élégante recherche que l'on remarque dans ces jolies pièces de vers, étaient les caractères communs à la poésie légère de cette époque. Je leur préfère la chanson suivante, trop peu connue, et peut-être plus digne de l'être; on y trouve l'expression vraie de la volupté, et une chaleur d'expression qui naît du sujet même.

LES PENSERS D'AMOUR [1]

Reine des fleurs, charmante rose,
Que ton éclat plaît à mes yeux !
Mon cœur à l'amour se dispose
Par ton parfum voluptueux ;
Le sang de Vénus te colore,
Cythère est ton premier séjour ;
Jamais je ne te vois éclore,
Sans avoir des pensers d'amour.

D'une belle au printemps de l'âge
Tu m'offres l'incarnat naissant,

---

[1] Par M. Coupigny.

Si le plaisir peint son visage,
C'est ta couleur qu'elle y répand
Puis-je te voir, à peine éclose,
Briller au matin d'un beau jour,
Sans songer à bouche de rose,
Sans avoir des pensers d'amour?

Sur une gorge enchanteresse
Si j'imprime un baiser brûlant,
Dans les vestiges que j'y laisse,
Ta couleur brille au même instant
Quel frisson ton bouton me cause!
D'un sein j'effleure le contour,
Peut-on voir un bouton de rose,
Sans avoir des pensers d'amour?

Quelques chansons érotiques de Boufflers, de Ségur, de Laujon, de Parny, et de Longchamps, méritent également d'être offertes pour modèles; mais dans la nécessité où je suis de n'en présenter qu'un seul, mon choix doit tomber encore sur un des chefs-d'œuvre de l'Horace français.

L'abandon, le désordre, la verve, ou plutôt l'audace poétique, la double ivresse de l'amour et des Ménades, portée jusqu'au délire; en un mot, tous les caractères de la chanson érotique se trouvent au plus haut degré dans la *Bacchante* de Béranger; mais les foudres de Thémis ont brisé son thyrse et sa coupe, et m'obligent à prendre un autre exemple. Je le choisirai parmi plusieurs chansons où, par une alliance aussi aimable qu'inattendue, l'amour le plus tendre, et la sensibilité la plus douce, se mêlent aux pensées mélancoliques de la plus haute philosophie.

LA BONNE VIEILLE.

Vous vieillirez, ô ma belle maîtresse!
Vous vieillirez, et je ne serai plus.

Pour moi le temps semble, dans sa vitesse,
Compter deux fois les jours que j'ai perdus.
Survivez-moi ; mais que l'âge pénible
Vous trouve encor fidèle à mes leçons ;
Et bonne vieille, au coin d'un feu paisible,
De votre ami repétez les chansons.

Lorsque les yeux chercheront sous vos rides
Les traits charmants qui m'auront inspiré,
Des doux récits les jeunes gens avides
Diront : Quel fut cet ami tant pleuré ?
De mon amour peignez, s'il est possible,
L'ardeur, l'ivresse, et même les soupçons ;
Et bonne vieille, au coin d'un feu paisible,
De votre ami repétez les chansons

On vous dira : Savait-il être aimable ?
Et sans rougir, vous direz : Je l'aimais
D'un trait méchant se montra-t-il coupable ?
Avec orgueil, vous répondrez Jamais
Ah ! dites bien qu'amoureux et sensible,
D'un luth joyeux il attendrit les sons ;
Et bonne vieille, au coin d'un feu paisible,
De votre ami repetez les chansons

Vous que j'appris à pleurer sur la France,
Dites sur-tout aux fils des nouveaux preux,
Que j'ai chanté la gloire et l'espérance
Pour consoler mon pays malheureux
Rappelez-leur que l'aquilon terrible
De nos lauriers a détruit vingt moissons ;
Et bonne vieille, au coin d'un feu paisible,
De votre ami répétez les chansons

Objet chéri, quand mon renom futile
De vos vieux ans charmera les douleurs ;
A mon portrait, quand votre main débile,
Chaque printemps, suspendra quelques fleurs ;
Levez les yeux vers ce monde invisible
Où pour toujours nous nous réunissons,

Et bonne vieille, au coin d'un feu paisible,
De votre ami répétez les chansons

La chanson de boudoir appartient au genre érotique; on y peint en habit de cour l'amour libertin du grand monde; et le jargon sentimental qu'on y emploie n'est que la parure indécente des nudités qu'il feint de couvrir. Collé est le père de la chanson de boudoir, dont je ne trouve pourtant que deux exemples dans le recueil complet de ses chansons qu'on a bien fait de publier en 1807. Je donne la préférence à la *complainte d'une femme à sentiment* sur *l'arrangement d'une dame de cour*, par la seule raison que la première appartient plus particulièrement à l'espèce.

AIR: *De mon berger volage.*

Dans le siècle où nous sommes,
Qu'on aime faiblement!
L'on ne peut chez les hommes
Trouver de sentiment;
Tircis n'est point volage,
Mais son cœur est usé;
Se peut-il qu'à son âge
Un cœur soit épuisé?

Tu jures que tu m'aimes,
Mais c'est si froidement!
Tircis, tes serments mêmes
Redoublent mon tourment
Laisse le vain langage
Des serments superflus;
Aime-moi davantage,
Et ne le jure plus

Quels destins sont les nôtres!
Pourquoi suis-tu mes pas?
Tu n'en aimes point d'autres,
Mais tu ne m'aimes pas

Quand ton cœur léthargique
N'est plus sensible à rien,
Ingrat, ce qui me pique
C'est que je sens le mien.

Comment! rien ne ranime
Tes désirs languissants!...
Ce n'est pas que j'estime
Les vains plaisirs des sens,
Mais que ton cœur s'enflamme
Du moins par mes transports!
Eh quoi! même ton ame
A perdu ses ressorts!

Entre plusieurs chansons de ce genre, où M. de Longchamps me paraît avoir surpassé Collé, je citerai

C'EST IMPOSSIBLE.

Air du vaudeville de Comment faire.

Vous abusez de mon amour,
Vous tourmentez un cœur sensible
(Disait Orphise à Célicour);
Non, non, monsieur: c'est impossible.

Célicour était jeune, beau:
Orphise, malgré sa colère,
Le suit sous un épais berceau,
Et lui dit d'un ton moins sévère:
Vous abusez de mon amour;
Je suis trop bonne et trop sensible
On peut venir.... ah! Célicour!
Finissez donc.... c'est impossible.

Orphise est déjà dans les bras
Du cher coupable qu'elle adore;
Sa voix expire... mais tout bas
On l'entend murmurer encore:
Vous abusez de mon amour;
Finissons un combat pénible;

Je ne saurais,... cher Célicour ;
Vous le sentez, c'est impossible

On pardonne le premier tort
En faveur d'une double offense ;
Mais cet amant, si fier d'abord,
Tout-à-coup perdit contenance
Vous abusez de mon amour,
Dit Orphise ; ah dieu ! c'est horrible !
Me joueriez-vous un pareil tour !
J'espère que c'est impossible.

Le moment n'était pas heureux ;
Célicour fuit, on le rappelle :
Mais en s'esquivant tout honteux,
De loin il répète à la belle :
Vous abusez de mon amour ;
Vous êtes vraiment trop sensible ·
J'en suis fâché ; mais, à mon tour
Je dis : Ma foi c'est impossible.

LA CHANSON GRIVOISE.

La chanson grivoise est dans la poésie légère ce que la caricature est dans l'art du dessin ; une débauche de raison, où tout est vrai, ressemblant, mais exagéré jusqu'à la charge. Dans ce genre, mais dans ce genre seulement, Collé le dispute à Béranger, avec lequel M. Désaugiers a lutté quelquefois sans trop de désavantage.

Marotte, de Collé, *Paillasse*, de Béranger, et le pot pourri *de la Vestale*, par Désaugiers, sont, à mon avis, les trois chefs-d'œuvre de ce genre de chansons ; je citerai les deux premières.

MAROTTE.

J'ai la marotte
D'aimer Marotte ;

ESSAI SUR LA POÉSIE LÉGÈRE.

Je la préfère à
Nos sœurs de l'opera
C'est une impure
Presque aussi sûre.
Que ces belles
Demoiselles
Là :
C'est qu'elle est jolie,
C'est qu'elle est polie,
C'est qu'elle est d'une folie ;
Elle se rit toujours de quelqu'un ;
De l'esprit sans suite,
Sa conduite
N'a pas le sens commun

J'ai la marotte
D'aimer Marotte :
Quoique trop ouverts,
Je préfère ses airs
Aux graves mines
De nos robines
Dont l'orgueil est le moindre travers.
Cet hiver, par accident,
La veuve d'un président
M'avait pris en attendant ;
Et ce printemps,
J'eus quelque temps
La femme d'un intendant,
Mais à mon corps défendant.
Combien je souffris !
Si c'est, mes amis,
Un malheur d'être pris
Par des présidentes,
C'est encor pis
D'avoir des intendantes

J'ai la marotte
D'aimer Marotte,
Adroite en amour,
Elle y sait plus d'un tour·

C'est une aisance,
Une indécence,
L'on croit voir une femme de cour
De ces femmes-là,
J'en ai jusques-là;
Ces fortunes la
Ne sont pas de grandes trouvailles,
Et l'on en aura
Tant qu'on en voudra,
D'autant qu'à Versailles
C'est à qui s'en defera
Mais ici déjà
L'on en veut à
Ma pauvre Marotte,
Déjà l'on complote
De me l'accrocher;
On veut chercher
A s'aboucher;
On offre cher
En viager;
Je l'ai fait déloger
L'un des meilleurs
Enchérisseurs,
(O temps! ô mœurs!)
C'est.... il faut que je nomme
L'homme;
C'est un riche abbé, mitre,
Taré;
Son nom,
C'est.. Non·
Ne disons pas tout haut son nom

Mais si je ne le nomme pas,
Autre embarras;
Le clergé qu'on vient d'assembler
Me fait trembler·
Tous nos prélats,
Gens délicats,
Qui jeûneront,
D'abord prendront
Ce qu'ils pourront,

Puis chercheront,
Déterreront
Marotte, et me l'enleveront
Marotte est faite exprès pour eux
Elle a des yeux,
Tendres et bleus,
Bien scandaleux,
Quand elle lorgne, il est douteux
Si Marotte ne fait pas mieux
Sur nos poufs indécents
Ces charmes-là sont bien puissants ;
Et d'ailleurs Marotte a des sens
Récompensants
Les insolents
Qui montrent des talents
J'ai la marotte
D'aimer Marotte,
Tant que je pourrai
Je la conserverai ;
Mais s'il arrive
Que l'on m'en prive,
Je m'en ma foi je m'en passerai.

PAILLASSE

Air : *Amis, dépouillons nos pommiers, ou mon père était pot*

J'suis né paillasse, et mon papa,
Pour m'lancer sur la place,
D'un coup d'pied queuqu'part m'attrapa,
Et m'dit : Saute, paillasse !
T'as l'jarret dispos,
Quoiqu't'ai l'ventre gros
Et la fac'rubiconde ;
N'saut'point-z-à-demi,
Paillasse, mon ami,
Saute pour tout le monde.

Ma mèr'qui poussait des hélas,
En m'voyant prendr'ma course,
M'habille avec son seul mat'las,

M'disant : Ce fut ma r'ssource
Là-d'sous fais, mon fils,
Ce que d'sus je fis
Pour gagner la piéc' ronde ;
N'saut'point-z-à-demi,
Paillasse, mon ami,
Saute pour tout le monde

Content comme un gueux, j'm'en allais,
Quand un seigneur m'arrête,
Et m'donn'l emploi dans son palais
D'un p'tit chien qu'il regrette
Le chien sautait bien ;
J'surpasse le chien,
Plus d'un envieux en gronde
N'saut'point-z-à-demi,
Paillasse, mon ami,
Saute pour tout le monde

J'buvais du bon ; mais un hasard,
Où j'n'ons rien mis du nôtre,
Fait qu'monseigneur n'est qu'un bâtard,
Et qu'il en vient-z-un autre
Fi du dépouillé
Qui m'a bien payé !
Fêtons l'autre à la ronde.
N'saut'point-z-à-demi,
Paillasse, mon ami,
Saute pour tout le monde

A peine a-t-on fêté c'lui-ci,
Que l'premier r'vient-z-en traître
Moi qu'aime à dîner, Dieu merci,
J'saute encor sous sa f'nêtre.
Mais le v'là r'chasse,
V'là l'autre r'placé ;
Viv'ceux que Dieu seconde !
N'saut'point-z-à-demi,
Paillasse, mon ami,
Saute pour tout le monde !

Vienn' qui voudra, j'sautrai toujours
  N'faut point qu'la r'cette baisse
Boir', manger, rire et fair' des tours,
  Voyez comm'ça m'engraisse.
    Ln gens qui, ma foi,
    Saut'moins gaiement qu'toi
  Puisque l'pays abonde,
  N'saut'point-z-à-demi,
  Paillasse, mon ami,
  Saute pour tout le monde!

DE LA CHANSON VILLAGEOISE.

Nulle part on ne chante autant qu'au village, parceque nulle part on n'agit plus et on ne réfléchit moins; les travaux y sont exempts de soucis, et les plaisirs exempts d'inquiétude. On y est plus gai, parceque la vie sociale y est plus près de la nature, et que cette nature, qui nous résout d'elle-même à tous les maux qu'il n'est pas en son pouvoir de nous épargner, permet à l'homme des champs de jouir sans trouble et sans prévoyance des biens dont elle est la source. La grace et la naïveté, qui forment le caractère distinctif de la chanson villageoise, sont réunies au charme du sentiment dans cette villanelle de Desportes.

Rosette, pour un peu d'absence,
Votre cœur vous avez changé;
Et moi, sachant cette inconstance,
Le mien autre part j'ai rangé.
Jamais plus beauté si légère
Sur moi tant de pouvoir n'aura;
Nous verrons, volage bergère,
Qui premier s'en repentira.

Tandis qu'en pleurs je me consume,
Maudissant cet éloignement,
Vous, qui n'aimez que par coutume,
Caressez un nouvel amant.

ESSAI SUR LA POÉSIE LÉGÈRE.

Jamais légère girouette
Au vent sitôt ne se vira,
Nous verrons, bergère Rosette,
Qui premier s'en repentira.

Où sont tant de promesses saintes,
Tant de pleurs versés en partant?
Est-il vrai que ces tristes plaintes
Sortissent d'un cœur inconstant?
Dieux! que vous êtes mensongère!
Maudit soit qui plus vous croira,
Nous verrons, volage bergère,
Qui premier s'en repentira.

Celui qui me vole ma place
Ne vous peut aimer tant que moi,
Et celle que j'aime vous passe
De beauté, d'amour, et de foi.
Gardez bien votre amitié neuve,
La mienne plus ne variera;
Et puis nous verrons à l'épreuve
Qui premier s'en repentira.

Tout le monde, excepté quelques savants en *es*, est maintenant de l'avis de Voltaire, qui préfère aux plus jolies chansons d'Anacréon les *Quatre Ages* de Dufresny: cette chanson, moins naïve que celle de Desportes, s'élève au-dessus par la pensée philosophique qu'elle renferme, et qu'elle exprime avec tant de bonheur.

LES QUATRE AGES.

Philis, plus avare que tendre,
Ne gagnant rien à refuser,
Un jour exigea de Lisandre
Trente moutons pour un baiser.
Le lendemain nouvelle affaire;
Pour le berger le troc fut bon;
Il exigea de la bergère
Trente baisers pour un mouton.

Le lendemain Philis plus tendre,
Craignant de déplaire au berger,
Fut trop heureuse de lui rendre
Tous ses moutons pour un baiser
Le lendemain Philis peu sage,
Aurait donné moutons et chien,
Pour un baiser que le volage
A Lisette donnait pour rien.

Trois chansons de M. de Béranger, *l'Aveugle de Bagnolet, le Bon Vieillard*[1] et le *Vieux Ménétrier*, se disputent le prix de la chanson villageoise: je le décerne à cette dernière; mais, comme elles sont dans toutes les mémoires, le public pourra confirmer ou réformer mon choix, sans qu'il soit besoin de les lui remettre toutes trois sous les yeux.

LE VIEUX MÉNÉTRIER

AIR: *C'est un lanla laderirette.*

Je ne suis qu'un vieux bon homme,
Ménétrier du hameau;
Mais pour sage on me renomme,
Et je bois mon vin sans eau,
Autour de moi sous l'ombrage
Accourez vous délasser;
Eh! lon lon la, gens de village,
Sous mon vieux chêne il faut danser.

Oui, dansez sous mon vieux chêne,
C'est l'arbre du cabaret;
Au bon temps toujours la haine
Sous ses rameaux expirait;
Combien de fois son feuillage
Vit nos aïeux s'embrasser!

---

[1] Cette chanson n'appartient que par la forme au genre villageois. L'auteur a voulu y peindre un ancien noble, dégagé de tous les préjugés de sa caste, et sans fiel contre un bien-être général, acquis aux dépens de son bonheur particulier.

ESSAI SUR LA POÉSIE LÉGÈRE.

Eh! lon lon la, gens de village,
Sous mon vieux chêne il faut danser

Du château plaignez le maître,
Quoiqu'il soit votre seigneur,
Il doit du calme champêtre
Vous envier le bonheur.
Triste au fond d'un équipage,
Quand là-bas il va passer,
Eh! lon lon la, gens de village,
Sous mon vieux chêne il faut danser

Loin de maudire à l'église
Celui qui vit sans curé,
Priez que Dieu fertilise
Son grain, sa vigne, et son pré,
Au plaisir s'il rend hommage,
Qu'il vienne ici l'encenser.
Eh! lon lon la, gens de village,
Sous mon vieux chêne il faut danser.

Quand d'une faible charmille
Votre héritage est fermé,
Ne portez plus la faucille
Au champ qu'un autre a semé.
Mais sûrs que cet héritage
A vos fils devra passer,
Eh! lon lon la, gens de village,
Sous mon vieux chêne il faut danser

Quand la paix répand son baume
Sur les maux qu'on endura,
N'exilez point de son chaume
L'aveugle qui s'égara
Rappelant après l'orage
Ceux qu'il a pu disperser,
Eh! lon lon la, gens de village,
Sous mon vieux chêne il faut danser

Écoutez donc le bon homme,
Sous son chêne accourez tous

De pardonner je vous somme ;
Mes enfants, embrassez-vous
Pour voir ainsi, d'âge en âge,
Chez nous la paix se fixer,
Eh! lon lon la, gens de village,
Sous mon vieux chêne il faut danser

La ronde appartient par la forme à la chanson villageoise, bien qu'elle s'en écarte le plus souvent par le fond des idées. Celle que je vais citer, composée en 1814, est à-la-fois historique et patriotique. Au talent d'exécution, et au sentiment qui l'a inspirée, on ne saurait en méconnaître l'auteur.

LES GAULOIS ET LES FRANCS

Air : *Gai ! gai ! marions-nous*

Gai ! gai ! serrons nos rangs,
Espérance
De la France ;
Gai ! gai ! serrons nos rangs,
En avant, Gaulois et Francs

D'Attila suivant la voix,
Le barbare,
Qu'elle égare,
Vient une seconde fois
Périr dans les champs gaulois

Gai ! gai ! serrons nos rangs,
Espérance
De la France ;
Gai ! gai ! serrons nos rangs,
En avant, Gaulois et Francs.

Renonçant à ses marais,
Le Cosaque,
Qui bivouaque,
Croit, sur la foi des Anglais,
Se loger dans nos palais

Gai! gai! serrons nos rangs,
  Espérance
  De la France;
Gai! gai! serrons nos rangs,
En avant, Gaulois et Francs.

Le Russe, toujours tremblant
  Sous la neige
  Qui l'assiége,
Las de pain noir et de gland,
Veut manger notre pain blanc

Gai! gai! serrons nos rangs,
  Espérance
  De la France;
Gai! gai! serrons nos rangs,
En avant, Gaulois et Francs.

Ces vins que nous amassons
  Pour les boire
  A la victoire,
Seraient bus par des Saxons;
Plus de vin, plus de chansons

Gai! gai! serrons nos rangs,
  Espérance
  De la France;
Gai! gai! serrons nos rangs,
En avant, Gaulois et Francs.

Pour des Calmouks durs et laids
  Nos filles
  Sont trop gentilles;
Nos femmes ont trop d'attraits
Ah! que leurs fils soient Français!

Gai! gai! serrons nos rangs,
  Espérance
  De la France;
Gai! gai! serrons nos rangs,
En avant, Gaulois et Francs.

Quoi! ces monuments chéris,
 Histoire
 De notre gloire,
S'écrouleraient en débris!
Quoi! les Prussiens à Paris!

Gai! gai! serrons nos rangs,
 Espérance
 De la France;
Gai! gai! serrons nos rangs,
En avant, Gaulois et Francs.

Nobles Francs et bons Gaulois,
 La paix si chère
 A la terre,
Dans peu viendra sous vos toits
Vous payer de tant d'exploits.

Gai! gai! serrons nos rangs,
 Espérance
 De la France,
Gai! gai! serrons nos rangs,
En avant, Gaulois et Francs.

LA ROMANCE.

La signification de ce mot s'est beaucoup étendue; on ne l'appliquait autrefois qu'à de vieilles historiettes écrites en vers faciles, divisés par couplets, et qui se chantaient sur des airs d'une mélodie douce, naturelle, et simple comme les paroles.

On donne aujourd'hui le nom de *romance* à toutes les chansons où dominent, comme dans l'élégie, la plainte et la douleur.

Moncrif a excellé dans la romance historique, et l'on cite encore aujourd'hui, comme le modèle achevé de ce genre de composition, la romance d'*Alis et Alexis*, où se trouve le couplet suivant, d'un sentiment vrai, et d'une si exquise délicatesse.

ESSAI SUR LA POÉSIE LÉGÈRE.

> Pour chasser de la souvenance
>   L'ami secret,
> On ressent bien de la souffrance
>   Pour peu d'effet;
> Une si douce fantaisie
>   Toujours revient,
> En songeant qu'il faut qu'on l'oublie,
>   On s'en souvient.

Florian a semé ses nouvelles pastorales de romances plus remarquables par l'esprit et la grace que par la naiveté.

M. de Coupigny, en ressuscitant parmi nous la romance, qu'avaient interrompue, pendant plusieurs années, les cris des factions et les chants de la victoire, imagina d'appliquer à ce genre de composition quelques unes des formes du vieux rondeau. Ses romances, *le Ménestrel*, *Il est trop tard*, *Fleur de beauté*, suffiraient pour justifier cette heureuse innovation.

Entre un grand nombre de romances remarquables par le naturel, la grace, et la sensibilité, le Ménestrel me paraît être celle où le talent de M. de Coupigny se montre avec le plus d'éclat.

LE MÉNESTREL,
ROMANCE ÉLÉGIAQUE.

> Un menestrel délaissé par sa mie,
> Seul, en ces mots soupirait ses douleurs :
> Quoi! sans pitié tu vois couler mes pleurs,
> Cruel objet de ma flamme trahie.
>   Un jour! hélas, du ménestrel
>   Tu regretteras la constance;
>   Tu diras, plaignant sa souffrance :
>   Pauvre Blondel! pauvre Blondel!
>
> Et vous, témoins de mes ardeurs fideles,
> Aux jours tant doux d'un bonheur passager,

Vous dont le cœur ne peut jamais changer,
Tendres amants, naïves pastourelles,
　　Bien savez si le ménestrel
　　Mérite les maux qu'il endure;
　　Son amie est fausse et parjure.
　　Pauvre Blondel! pauvre Blondel!

De loyauté, d'aimable courtoisie
Toujours donna bon exemple et leçons,
Toujours disait, en ses douces chansons,
Qu'amour constant est charme de la vie.
　　Las! plenrez sur le ménestrel;
　　En perdant maîtresse volage,
　　Il regrette encor son servage.
　　Pauvre Blondel! pauvre Blondel!

O mes amis, je veux sur cette rive,
Et parmi vous me choisir un tombeau,
Vous suspendrez à quelque jeune ormeau
Du troubadour la guitare plaintive;
　　En l'agitant, du ménestrel
　　Les vents racontant l'aventure,
　　Répéteront dans leur murmure;
　　Pauvre Blondel! pauvre Blondel!

Si quelquefois aux danses bocagères,
Parmi les jeux, les innocents plaisirs,
De mon tourment les tristes souvenirs
Font soupirer les folâtres bergères.
　　En silence, du ménestrel
　　Pressant la tombe solitaire,
　　Leur main gravera sur la pierre:
　　Pauvre Blondel! pauvre Blondel!

M. de Longchamp a fait soupirer la romance sur un ton plus brillant. Sans être moins tendre, moins facile, son style a plus d'élévation; avec la même franchise sa douleur a plus d'éclat; mettons le lecteur à même d'en juger.

LE DÉPART,

ROMANCE.

Il faut partir; adieu, ma Laure;
Adieu, mes amis les plus chers;
Demain nous serons, dès l'aurore,
Séparés par les vastes mers.
Mon cœur se gonfle et se déchire,
Chaque instant accroît mes regrets,
Sans expirer pourrai-je dire
Ces mots: adieu, c'est pour jamais!

Le ciel l'ordonne, j'irai vivre
Perdu dans un autre univers;
Sans un seul ami pour me suivre,
Et parler de ceux que je perds
Parents chéris, fidèle amie,
Pour moi ne sont pas moins perdus
Que si j'eusse quitté la vie . . ;
Et j'aurai les regrets de plus

J'observe tout ce que je laisse
Avec d'autres yeux qu'autrefois;
Tout m'attache, tout m'intéresse:
Je tiens à tout ce que je vois.
De mes chagrins l'ame oppressée,
Je parle à tout de mes douleurs;
Et je prête à tout la pensée
Pour que tout réponde à mes pleurs

Ces fleurs que j'arrosais moi-même
Loin de mes yeux vont se flétrir;
Fidèle au bon maître qu'il aime,
Mon chien peut-être va mourir
Sensibles à mon infortune,
Mes amis d'abord me plaindront.
Puis chassant l'idée importune,
Avant ma mort ils m'oublieront

Et toi qui doublais mon ivresse,
En doublant à mon œil charmé
Tous les attraits de ma maîtresse
Dans les bras de son bien-aimé,
Glace, ton cristal infidèle
Va sourire à d'autres objets;
Et peut-être es-tu le modèle
De celle que je chérissais.

M. de Béranger n'a point fait de romance proprement dite; il a élevé ce genre de chansons, comme tous les autres, à la hauteur de son talent; le sentiment patriotique qui le domine s'exhale avec le même charme, soit qu'il chante ses plaisirs, ses espérances, ou ses regrets : quelle romance ancienne ou moderne, française ou étrangère, pourrait-on comparer à celle-ci?

PLUS DE POLITIQUE

Ma mie, ô vous que j'adore,
Mais qui vous plaignez toujours
Que mon pays ait encore
Trop de part à mes amours;
Si la politique ennuie
Même en frondant les abus,
 Rassurez-vous, ma mie;
 Je n'en parlerai plus.

Près de vous, j'en ai mémoire,
Donnant prise à mes rivaux,
Des arts, enfants de la gloire,
Je racontais les travaux.
A notre France agrandie
Ils prodiguaient leurs tributs,
 Rassurez-vous, ma mie,
 Je n'en parlerai plus.

Moi, peureux dont on se raille,
Après d'amoureux combats,

J'osais vous parler bataille,
Et chanter nos fiers soldats
Par eux la terre asservie
Voyait tous ses rois vaincus.
 Rassurez-vous, ma mie,
 Je n'en parlerai plus.

Sans me lasser de vos chaînes,
J'invoquais la liberté ;
Du nom de Rome et d'Athènes
J'effrayais votre gaieté.
Quoique au fond je me défie
De nos modernes Titus,
 Rassurez-vous, ma mie,
 Je n'en parlerai plus.

La France, que rien n'égale,
Et dont le monde est jaloux,
Était la seule rivale
Qui fût à craindre pour vous.
Mais, las ! j'ai pour ma patrie
Fait trop de vœux superflus.
 Rassurez-vous, ma mie,
 Je n'en parlerai plus.

Oui, ma mie, il faut vous croire ;
Faisons-nous d'obscurs loisirs.
Sans plus songer à la gloire,
Dormons au sein des plaisirs
Sous une ligue ennemie,
Les Français sont abattus.
 Rassurez-vous, ma mie,
 Je n'en parlerai plus.

DES AUTRES GENRES

DE POÉSIES LÉGÈRES.

Après avoir rapidement parcouru les différents genres de chansons, et avoir prouvé par de nombreux exemples que l'époque actuelle possède un poete qui a porté à sa perfection cette branche de notre littérature, je vais m'occuper plus succinctement encore des autres inspirations de la poésie légère.

J'ai déja dit que la fable, l'apologue, l'épître, le conte, et même la cantate, considérés comme faisant un corps d'ouvrage, appartenaient à un ordre de poésie plus élevée; néanmoins chacun de ces morceaux, pris isolément, peut trouver sa place dans un recueil de poésies fugitives.

Je crois pouvoir me dispenser de parler de la *ballade*, du *rondeau*, du *triolet*, et même du *sonnet*, dont on ne parle plus depuis long-temps; ainsi ma tâche se réduit à faire ici mention du *madrigal*, de *l'épigramme*, du *quatrain*, du *distique* et de *l'inscription*, dont se compose aujourd'hui (en y comprenant la chanson comme partie principale) le domaine de la poésie légère.

LE MADRIGAL.

Ce mot vient-il du grec *mandra* (bergerie), ou de la ville de *Madriga*, en Espagne? C'est aux étymologistes à prononcer sur cette importante question: s'il fallait me décider, en attendant, je serais assez porté à croire que la ville espagnole, dont les habitants se sont fait une réputation dans ce genre de poésie, a donné le nom au madrigal.

Ce petit poeme, qui s'élève rarement au-dessus de six

ou huit vers, exprime une pensée tendre, galante ou gracieuse, dont l'amour et la beauté doivent toujours être l'objet.

D'après cette définition, la plupart des pièces détachées dont se compose l'anthologie grecque, ne seraient que des madrigaux, si presque toujours la pensée, le sentiment ne s'y trouvait exprimé sous une forme subtile, qui a permis de les confondre avec l'épigramme.

Parmi nous,

> Le madrigal, plus simple et plus noble en son tour,
> Respire la douceur, la tendresse et l'amour.

Nos poetes des seizième et dix-septième siècles étaient fertiles en madrigaux, mais avant eux les Italiens et les Espagnols avaient déja cultivé avec succès cette branche de la poésie légère ; c'est sur-tout en France qu'une heureuse imagination, servie par l'élégante urbanité des mœurs, s'est plu à multiplier ces opuscules poétiques.

Les satires de Boileau n'ont pas empêché que ce joli madrigal de l'abbé Cotin n'arrivât jusqu'à nous.

> Iris s'est rendue à ma foi;
> Qu'eût-t-elle fait pour sa défense ?
> Nous n'étions que nous trois, elle, l'Amour et moi,
> Et l'Amour fut d'intelligence.

On sait que le madrigal suivant, adressé à la duchesse du Maine, ouvrit à Saint-Aulaire les portes de l'académie.

> La divinité qui s'amuse
> A me demander mon secret,
> Si j'étais Apollon, ne serait pas ma muse;
> Elle serait Thétis, et le jour finirait.

Mais quelque ingénieux qu'il soit, je préfère à ce madrigal celui de Bertaut, où je trouve l'expression plus naïve d'un sentiment plus vrai.

> Quand je revis ce que j'ai tant aimé,
> Peu s'en fallut que mon feu rallumé
> N'en fit l'amour en mon ame renaître,
> Et que mon cœur, autrefois son captif,
> Ne ressemblât l'esclave fugitif
> A qui le sort fait rencontrer son maître

Voltaire, qui le premier, je crois, a parlé de ce madrigal, au mot *Esprit*, dans son dictionnaire philosophique, n'a pas dit qu'il l'eût extrait d'une fort longue pièce de vers, dont il forme la première et la seule bonne stance.

Voltaire met ce madrigal au-dessus de celui de M. de La Sablière :

> Eglé tremble que dans ce jour
> L'Hymen, plus puissant que l'Amour,
> N'enlève ses trésors sans qu'elle ose s'en plaindre,
> Elle a négligé mes avis ;
> Si la belle les eût suivis,
> Elle n'aurait plus rien à craindre,

et de celui-ci, qu'il offre également pour modèle :

> Vous êtes belle, et votre sœur est belle ;
> Entre vous deux tout choix seroit bien doux
> L'Amour était blond comme vous,
> Mais il aimait une brune comme elle.

Toutes les concessions de supériorité que Voltaire fait à ses rivaux, il les détruit par ses propres ouvrages. Il porta dans ce genre de poésies fugitives la même perfection qui signalait les moindres jeux de sa plume. Quel madrigal peut se comparer à celui qu'il adresse à la princesse Ulrique de Prusse, depuis reine de Prusse?

ESSAI SUR LA POÉSIE LÉGÈRE.

> Souvent un peu de vérité
> Se mêle au plus grossier mensonge.
> Cette nuit, dans l'erreur d'un songe,
> Au rang des rois j'étais monté;
> Je vous aimais, princesse, et j'osais vous le dire:
> Les dieux à mon réveil ne m'ont point tout ôté;
> Je n'ai perdu que mon empire.

Il est inutile d'insister sur la grace, le charme, et la tournure ingénieuse de cette petite pièce de vers, dont on pourrait dire avec plus de raison que Boileau ne l'a dit du sonnet;

> Un PAREIL MADRIGAL vaut seul un long poeme.

Je pourrais citer cent autres madrigaux du même poete, sinon d'un mérite égal à celui-ci, du moins très supérieurs à ce que l'on connait dans ce genre: je me borne à ce portrait de madame la duchesse de La Vallière:

> Être femme sans jalousie,
> Et belle sans coquetterie,
> Bien juger sans beaucoup savoir,
> Et bien parler sans le vouloir;
> N'être haute ni familière,
> N'avoir point d'inégalité;
> C'est le portrait de La Vallière,
> Il n'est ni fini ni flatté.

L'ÉPIGRAMME.

L'auteur qui a le mieux réussi dans ce genre, Le Brun, a cherché à le justifier dans ce quatrain:

> Sachez, lecteurs, que les méchants
> Font les vers noirs, les noires trames·
> Ce ne sont que les bonnes gens
> Qui font les bonnes épigrammes

Pour ramener quelqu'un à cet avis donné en vers assez

médiocres, il faudrait du moins qu'on pût ignorer que les trois poetes qui ont excellé dans l'épigramme, Pope, Jean-Baptiste Rousseau, et Le Brun lui-même, ont laissé une réputation de méchanceté, avouée de leurs plus grands admirateurs.

Les anciens nommaient indifféremment *Épigramme* une saillie maligne, ingénieuse ou galante, ou même une simple inscription : *epi gramma*, chose écrite sur....

Les modernes ont restreint la signification de ce mot : ce n'est plus qu'un trait malin, rédigé en vers, et avec toute la précision possible.

Notre littérature est plus riche en épigrammes que celle de toutes les autres nations réunies.

Celle-ci, de Marot, a le mérite bien rare d'être dirigée contre un homme injuste et puissant: cette noble vengeance du génie est un trait bien honorable dans la vie du plus ancien de nos poetes.

> Lorsque Maillard, juge d'enfer, menait
> A Montfaucon Semblançay l'ame rendre,
> A votre avis, lequel des deux tenait
> Meilleur maintien? Pour vous le faire entendre,
> Maillard semblait l'homme que mort va prendre,
> Et Semblançay fut si ferme vieillard,
> Que l'on cuidait pour vrai qu'il menât pendre
> A Montfaucon le lieutenant Maillard.

Racine a excellé dans l'épigramme, mais il n'en a composé qu'un très petit nombre; il est vrai que ce sont des coups de maître. Je choisis les deux suivantes :

Sur le Germanicus de Pradon.

> Que je plains le destin du grand Germanicus !
> Quel fut le prix de ses rares vertus !
> Persécuté par le cruel Tibère,

Empoisonné par le traître Pison,
Il ne lui restait plus, pour dernière misère,
Que d'être chanté par Pradon.

Sur Andromaque.

Le vraisemblable est peu dans cette pièce,
Si l'on en croit et d'Olonne et Créqui ·
Créqui dit que Pyrrhus aime trop sa maîtresse,
D'Olonne qu'Andromaque aime trop son mari.

Voltaire a plus cruellement immolé Desfontaines dans l'épigramme suivante :

Certain caffard, jadis jésuite,
Plat écrivain, depuis deux jours
Ose gloser sur ma conduite,
Sur mes vers et sur mes amours.
En bon chrétien je lui fais grace.
Chaque pédant peut critiquer mes vers;
Mais sur l'amour jamais un fils d'Ignace
Ne glosera que de travers.

Ce même abbé Desfontaines a fourni à Piron le sujet de sa meilleure épigramme :

Cet écrivain si fécond en libelles,
Croit que sa plume est la lance d'Argail,
Sur le Parnasse, entre les neuf pucelles,
Il est placé comme un épouvantail :
Que fait le bouc en si joli bercail ?
Y plairait-il ? Chercherait-il à plaire ?
Non; c'est l'eunuque au milieu du sérail,
Il n'y fait rien, et nuit à qui veut faire.

Trois poetes du dix-huitième siècle, Rousseau, Piron, et Le Brun, s'y disputaient depuis long-temps une supériorité que je crois définitivement acquise à ce dernier, si l'on éloigne, comme je le fais, Racine et Voltaire du concours. Ce dernier a semé ses ouvrages de vers épigrammatiques très supérieurs à tous ceux de ses rivaux; mais il ne les a que rarement détachés sous le titre d'épigrammes.

Rousseau n'a point de rival pour l'épigramme cynique. Esprit éminemment caustique et licencieux, il se vengea, par la crainte qu'inspiraient ses vers, des injures que lui méritait la bassesse de ses mœurs. Doué d'un grand talent de versification, et de l'art de couvrir de l'éclat des formes poétiques la stérilité de son imagination, la haine, qui l'avoit peut-être trop persécuté pendant sa vie, servit de prétexte à l'envie, pour lui faire, après sa mort, une réputation exagérée, dont le temps et l'examen commencent à faire justice.

Parmi celles des épigrammes de Rousseau dont la décence publique ne défend pas de faire mention, les deux suivantes me semblent réunir au plus haut point toutes les qualités du genre.

Le Confesseur accommodant.

Près de la mort, une vieille incrédule
Rendait un moine interdit et perclus;
Ma chère fille, une simple formule
D'acte de foi : quatre mots et rien plus
— Je ne saurais. — Mon Dieu, dit le reclus,
Inspirez-moi! Ça, voudriez-vous être
Persuadée? — Oui, je voudrais connaître,
Toucher au doigt, sentir la vérité
— Eh bien! courage, allons, reprit le prêtre,
Offrez à Dieu votre incrédulité

Le Théâtre du monde

Ce monde-ci n'est qu'une œuvre comique,
Où chacun fait ses rôles différents
Là, sur la scène, en habit dramatique,
Brillent prélats, ministres, conquérants
Pour nous, vil peuple, assis aux derniers rangs,
Troupe futile, et des grands rebutée,

Par nous d'en bas la pièce est écoutée
Mais nous payons, utiles spectateurs,
Et quand la farce est mal représentée,
Pour notre argent nous sifflons les acteurs

Aucune époque littéraire ne fut plus fertile en épigrammes que le dix-huitième siècle; La Motte et Piron, La Harpe et Marmontel, Roi, Saurin, et l'abbé Arnauld, se firent principalement remarquer dans cette petite guerre de plume. Le Brun mit fin à cette espèce d'oligarchie littéraire qui laissait flotter, entre plusieurs mains, le sceptre de l'épigramme; il s'en empara violemment, et sa longue vieillesse ne connut guère d'autre occupation et d'autre plaisir que ces jeux cruels, où sa muse a remporté le prix.

Le Pindare français, après avoir passé trente ans de sa vie à composer d'admirables odes qui ne lui firent de réputation que dans sa vieillesse, vengea lui-même son beau talent si long-temps méconnu, par onze ou douze cents épigrammes dirigées presque toutes contre ses contemporains. Nul n'a porté aussi loin l'art d'acérer son vers; et le trait qu'il lance est façonné de manière à ne pouvoir sortir qu'autant qu'il traverse. Souvent sa flèche est armée de plusieurs pointes, comme celle du sauvage caraïbe; et comme ce dernier, il s'en sert pour tirer dans les groupes.

Sur les poetes de l'Académie.

Malgré deux scènes dramatiques,
La Harpe n'est qu'un rimailleur,
Champfort polit des vers étiques,
Lemierre en forge d'helvétiques;
Saint-Lambert les fait narcotiques;
Marmontel ne plait qu'aux railleurs;
L'adroit et gentil émailleur
Qui brillanta les Géorgiques,
Des poetes académiques,
Delille est encor le meilleur.

Sur M. Gin.

Sur notre Pinde académique,
Qui du vrai Pinde est peu voisin,
Notre Euripide limousin,
Marmontel, hurle du tragique;
Sedaine gâche du comique;
Chabanon racle du lyrique;
Lemierre, en rime didactique,
Nous trace l'art du Pérugin;
La Harpe, dans sa poétique,
Est seul Aristote et Longin;
Guibert est Végèce en tactique;
Eh! que sera donc M. Gin?

On remarque dans toutes les épigrammes de Le Brun une hardiesse de tours, une audace dans les associations de mots, et sur-tout un bonheur d'épithètes qui le distingue entre tous les poetes.

Celle-ci brille par la force de la pensée.

Qu'en son faux zèle une prude est amère!
Damner le monde est un plaisir d'élus:
Mais le Sauveur à la femme adultère
Dit sans courroux : Allez, ne péchez plus!
Telle est du ciel la sublime indulgence,
Il plaint l'erreur, il pardonne à l'offense;
Il n'arme point ni le fer ni le feu;
La pécheresse eut sa grace accordée;
Mais qu'on suppose à la place de Dieu
Prude ou docteur, elle était lapidée.

Je me plais encore à citer l'épigramme suivante, la seule peut-être qui fasse autant d'honneur au cœur du poete qu'à son esprit:

A un prétendu ami.

Indigne ami d'un amant des neuf sœurs,
Reprends, reprends ton eloge perfide;

> Tu sais donc l'art d'emmiéler les noirceurs,
> Et de sucrer le fiel des Eumenides?
> Dupe un moment, oui, mon cœur s'y méprit;
> Il s'épancha dans le plus sot écrit;
> Mais, je le vois, ta louange diffame.
> L'ingrat qui peut calomnier mon ame
> N'a pas le droit de louer mon esprit.

On regarde assez généralement l'épigramme suivante comme la meilleure des six cent trois que l'éditeur des œuvres complétes de Le Brun a publiées.

Sur La Harpe.

> Ce petit homme à son petit compas
> Croit mesurer les élans du génie;
> Au bas du Pinde il trotte à petits pas,
> Et croit franchir les sommets d'Aonie :
> Au grand Corneille il a fait avancée;
> Mais à vrai dire on riait aux éclats
> De voir ce nain mesurer un Atlas;
> Et, redoublant ses efforts de pigmée,
> Burlesquement roidir ses petits bras
> Pour étouffer si haute renommée

LE QUATRAIN.

Cette petite piéce de vers, la plus courte après le distique, tire son nom des quatre vers dont elle se compose, et dont les rimes et la mesure se combinent à volonté. Pibrac s'était fait, au seizième siécle, une sorte de réputation dans ce genre. On a oublié ses quatrains, et malheureusement pour sa mémoire, on se souvient qu'il fut l'apologiste de la Saint-Barthelemy.

Cet impromptu à mademoiselle de Charolais, peinte en habit de cordelier, est un des plus jolis quatrains de Voltaire :

> Fière ange de Charolais,
> Dis-nous par quelle aventure
> Le cordon de saint François
> Sert à Vénus de ceinture ?

Voltaire a semé ses poésies légères de quatrains charmants, où l'on reconnaît toujours les étincelles de son génie.

Je puis citer sans choisir,

A mademoiselle de Guise.

> Vous possedez fort inutilement
> Esprit, beauté, grace, vertu, franchise :
> Qu'y manque-t-il ? quelqu'un qui vous le dise,
> Et quelque ami dont on en dise autant.

Au bas du portrait de Leibnitz.

> Il fut dans l'univers connu par ses ouvrages,
> Et dans son pays même il se fit respecter ;
> Il éclaira les rois, il instruisit les sages,
>   Plus sage qu'eux, il sut douter.

Précepte.

> Répandez vos bienfaits avec munificence,
> Même aux moins vertueux ne les refusez pas ;
> Ne vous informez point de leur reconnaissance,
> Il est grand, il est beau de faire des ingrats.

Ce dernier quatrain, où se trouve exprimée en si beaux vers une pensée divine, me conduit à parler des *quatrains moraux*. Dans un petit ouvrage intitulé la *Morale de l'enfance*, et que je ne balance pas à indiquer comme le livre le plus utile qui ait jamais été écrit, puisqu'il a pour objet et pour résultat de former des hommes, un noble pair de France, M. de Morel-Vindé, a mis à la portée des enfants un cours complet de morale pratique qu'il résume admirablement dans les deux quatrains suivants, inspirés par ce dernier vers du quatrain qui les précède :

> Qui remplit ses devoirs augmente ses plaisirs.
>
> Des devoirs, mes enfants! ce mot peut vous déplaire;
> Mais sachez qu'ici-bas tout le monde a les siens :
> Les vôtres sont d'aimer, d'obéir, de bien faire;
> Vous guider, vous instruire, enfants, voilà les miens.
>
> L'homme doit à son Dieu, car il est son ouvrage;
> Il doit à ses parents qui le rendent heureux,
> Il doit à ses pareils, s'il veut vivre avec eux;
> Tel est de nos devoirs le nombre et le partage

Je n'ai pas besoin de faire observer que la clarté, la simplicité, le défaut d'inversions et de métaphores qu'on peut remarquer dans ce recueil de cinq cents quatrains destinés à l'enfance, en font, sous le rapport du style, le principal mérite.

LE DISTIQUE.

Le distique est un couplet dont le sens doit être renfermé en deux vers. Chez les Latins, le premier vers devait être hexamètre, et le second pentamètre. Les distiques de Caton, comme les quatrains de M. de Morel-Vindé, sont plus célèbres par l'excellente morale qu'ils renferment, que par la poésie du style.

Voltaire, qui avait concouru pour le prix de l'académie des sciences, sur la nature et la propagation du feu, avait pris pour devise ce distique latin, dont Condorcet admire l'énergique précision :

> Ignis ubique latet, naturam amplectitur omnem,
>   Cuncta perit, renovat, dividit, unit, alit.

On chercherait vainement chez les poètes anciens, si féconds en ce genre, un distique à comparer à celui de Voltaire, inscrit au bas d'une statue de l'Amour :

> Qui que tu sois, voici ton maître,
> Il l'est, le fut, ou le doit être.

Ou cet autre du même auteur,

Sur l'estampe du R. P. Girard et de La Cadière.

Cette belle voit Dieu, Girard voit cette belle :
Ah ! Girard est plus heureux qu'elle

Tous les distiques de Le Brun sont des épigrammes en deux vers.

Sur une dame poete.

Chloé, belle et poete, a deux petits travers :
Elle fait son visage, et ne fait pas ses vers.

Dialogue entre un pauvre poete et l'auteur.

On vient de me voler. — Que je plains ton malheur !
— Tous mes vers manuscrits. — Que je plains le voleur !

Sur notre dictionnaire académique.

On fait, défait, refait ce beau dictionnaire,
Qui toujours très bien fait, reste toujours à faire.

L'INSCRIPTION.

Les anciens, dont les habitudes sociales et les institutions politiques tendaient à tout populariser, se sont fréquemment servi de l'inscription comme d'une leçon publique.

Les inscriptions de Delphes, celles d'Athènes et de Rome, se bornaient à quelques mots destinés à rappeler l'objet et le but du monument où l'inscription se trouvait placée. Ces mots n'étaient pas toujours soumis aux lois de la versification; il en est de même parmi nous. Ce n'est donc que pour avoir occasion de citer l'admirable épitaphe de Voltaire, composée par Le Brun, que je range l'inscription parmi les poésies légères.

Sur la mort de Voltaire.

O Parnasse ! frémis de douleur et d'effroi !
Pleurez, Muses ! brisez vos lyres immortelles;
Toi, dont il fatigua les cent voix et les ailes,
Dis que Voltaire est mort, pleure, et repose-toi.

Lorsque je place à la tête du recueil de mes poésies légères cet essai dans lequel j'ai réuni les divers chefs-d'œuvre de cette branche de littérature, je desire qu'on ne m'accuse ni d'un ridicule orgueil, ni d'une fausse modestie : je ne crois pas qu'on puisse égaler Béranger dans la chanson; mais je pense qu'au banquet des chansonniers qu'il préside beaucoup de places peuvent être honorablement occupées, et qu'il m'est permis de m'y asseoir.

POÉSIES LÉGÈRES.

CHANSONS.

LA MARCHÁNDE D'AMOURS.

Air du vaudeville de Jean Monnet.

A la gentille oiselière
Chacun peut avoir recours;
On trouve dans ma volière
Un assortiment d'amours,
  Doux, rusés,
  Frais, usés,
Pour tous les goûts, tous les âges;
J'en ai très peu de sauvages,
Et beaucoup d'apprivoisés.

Voici la petite espèce
Que nous prenons au miroir;
C'est une grace, une adresse,
Tout le monde en veut avoir:
  Inconstant
  Et partant,
Dans le commerce commode,
C'est un amour à la mode,
On s'en défait à l'instant.

Églé dit à la marchande,
Quel est ce marmot si vain?
— C'est un amour de commande
Pour le faubourg Saint-Germain.
  — Et plus loin,
   Dans ce coin
Cet autre que je vous montre?
— C'est un amour de rencontre
Qu'on peut louer au besoin.

Celui-ci paroît farouche,
Dit Laurette : il me convient.
Son doigt qu'il tient sur sa bouche
En sa faveur me prévient :
  Je le veux.
   — Je ne peux;
C'est un enfant du mystère,
Il ne quitte pas son père.
— Je les achète tous deux.

Vous qui des célestes flammes
Goûtez le charme idéal,
Prenez celui-ci, mesdames,
Il est tout sentimental.
  Chacun rit,
   Et lui dit :
Malgré ce discours gothique,
De votre amour platonique
Vous n'aurez pas le débit.

Pour moi, dit Alexandrine,
Je prends ce petit blondin;
Sa démarche féminine
Plaît à mon goût féminin.
  — De Lesbos
    A Paphos
Il nous vient par contrebande;
Grace à vous il s'achalande
Chez nos modernes Saphos.

On s'étonne que Lucile,
Qui cependant s'y connaît,
Ait pu choisir entre mille
Le plus lourd, le plus bénêt :
    L'air moral,
      Doctoral,
On le mutine, on le raille;
Le pauvre enfant, comme il bâille !
C'était l'amour conjugal.

Il m'en reste un vif et tendre,
Que l'amitié suit toujours,
Et qui renaît de sa cendre,
C'est le phénix des amours.
    Je soutien
      Qu'à ce bien
Nul autre n'est comparable;
Et comme il est impayable,
Je le donnerai pour rien.

ÉLOGE DU TEMPS PRÉSENT.

VAUDEVILLE.

Air : *Lison dormait.*

Assez d'autres dans leur manie
Du passé vantent les douceurs ;
Du présent que l'on calomnie,
Amis, soyons les défenseurs.
Pour débuter avec franchise,
Posons ce principe joyeux :
Nous valons mieux, nous valons mieux,
(Quoi que maint aristarque en dise)
Nous valons mieux, nous valons mieux
Que nos vénérables aïeux.

La prise d'un fort d'Allemagne
S'appelait jadis un succès ;
Aujourd'hui pour chaque campagne
Il faut un royaume aux Français.
A tous les siècles de l'histoire
J'oppose nos jours glorieux.
Nous marchons mieux   (*bis*)
Dans les plaines de la victoire ;
Nous marchons mieux   (*bis*)
Que nos vénérables aïeux.

Épris d'une Astrée infidèle,
Nous n'allons pas en Céladon,
Bêtement, pour nous venger d'elle,
Faire le saut dans le Lignon.
A moi Corine vous préfère,
Céliméne aura d'autres yeux :
Nous aimons mieux,   (*bis*)
Jouir, voilà la grande affaire ;
Nous aimons mieux   (*bis*)
Que nos vénérables aïeux.

Quand nos vieux Gaulois les dimanches
Dans un festin se rassemblaient,
D'un jambon entre deux éclanches
Les bonnes gens se régalaient ;
Salmis, vol-au-vents, et suprêmes,
N'ont jamais été connus d'eux.
Nous vivons mieux,   (*bis*)
L'art a fait des progrès extrêmes ;
Nous vivons mieux   (*bis*)
Que nos vénérables aïeux.

De nos anciens l'humeur bachique
Doit être en honneur au caveau ;
Mais au fond du castel antique
On s'enivrait de vin nouveau.
Nous choisissons pour notre table
Et le meilleur et le plus vieux.
Nous buvons mieux,   (*bis*)
Et notre ivresse est plus aimable ;

Nous buvons mieux (*bis*)
Que nos vénérables aïeux.

Quelquefois une voix rustique,
Plus aigre encor que la liqueur,
Fredonnait un mauvais cantique
Où chacun détonnait en chœur.
Je le dis (que l'on me pardonne
D'avancer le fait en ces lieux),
Nous chantons mieux, (*bis*)
A part l'exemple que j'en donne;
Nous chantons mieux (*bis*)
Que nos vénérables aïeux.

Jadis au sein de leurs familles,
Pour célébrer le carnaval,
Nos mères donnaient à leurs filles,
Le mardi gras, un petit bal.
Plus de réserve surannée.
Affranchis d'un joug ennuyeux,
Nous dansons mieux, (*bis*)
Et nous dansons toute l'année;
Nous dansons mieux (*bis*)
Que nos vénérables aïeux.

Nous savons que le temps nous presse;
Hier n'est plus qu'un souvenir,
Et, quelque certain qu'il paraisse,
Demain est encor l'avenir.
Nos pères amassaient sans cesse
Pour vivre quand ils seraient vieux.

Nous comptons mieux, (*bis*)
Aujourd'hui seul nous intéresse;
Nous comptons mieux (*bis*)
Que nos vénérables aïeux.

En génie, en vertus, nos pères
Ont conservé sur nous le pas;
Mais ce sont là de ces misères
Où leurs fils ne s'arrêtent pas.
Notre avantage est manifeste
Dans tous les objets sérieux.
Nous valons mieux, (*bis*)
Ainsi que ma chanson l'atteste;
Nous valons mieux (*bis*)
Que nos vénérables aïeux.

LES ANCIENS ET LES MODERNES.

Air : *Des revenants, ou chansons, chansons.*

Bardus des modernes se raille ;
Paul contre les anciens féraille ;
    Chacun les siens.
Laissons ces doctes balivernes
Et faisons la part des modernes
    Et des anciens.

J'estime fort Virgile, Horace ;
J'aime assez le clinquant du Tasse,
    Et j'en conviens ;
Nous n'avons pas encor d'Homère :
Mais je cherche en vain un Voltaire
    Chez les anciens.

Des sots la nombreuse famille
Plus que jamais, dit-on, fourmille ;
    Je vous soutiens
Qu'en tout temps elle fut immense,
Et qu'elle avait plus de puissance
    Chez les anciens.

Tandis qu'aux leçons du Portique
Accourait la foule civique
    Des Athéniens.

Dans une prison contiguë,
Socrate buvait la ciguë
    Chez les anciens.

Chez nous l'amant trompe sa belle,
Et souvent l'épouse infidèle
    Rompt ses liens :
J'aime mieux ces tours réciproques
Que les amitiés équivoques
    De nos anciens.

Parmi nous les docteurs disputent,
Parmi nous les pédants discutent
    De graves riens :
Parmi nous si le bien est rare,
Le ciel n'en fut pas moins avare
    Pour les anciens.

Quand je vois cent mets délectables
Couvrir et parfumer nos tables,
    Je me souviens
Que les demi-dieux de la terre
Faisaient assez mauvaise chère
    Chez les anciens.

Quoiqu'en un salon riche et vaste
Lucullus dînât avec faste,
    Moi je maintiens
Que l'art où l'on excelle en France,
La cuisine ! était dans l'enfance
    Chez les anciens.

Pour notre salut, mes confrères,
Conservons la foi de nos pères,
    En bons chrétiens;
Mais à table, au lit, au théâtre,
Qu'il soit permis d'être idolâtre
    Des dieux anciens.

J'aime à voir la jeune déesse
Versant le nectar et l'ivresse
    Aux Olympiens;
Mais je ne puis, quoi qu'on m'allègue,
Pardonner son petit collègue
    Aux dieux anciens.

Thèbes, Carthage, Rome, Athènes,
Ont produit de grands capitaines,
    Quoique païens :
A tant de héros qu'on renomme
J'en oppose un qui vaut en somme
    Tous les anciens.

Des prôneurs outrés de l'antique
Un mot renferme la tactique
    Et les moyens;
On sait que de tout temps l'envie
Préfère aux grands hommes en vie
    Les morts anciens.

PETIT BON HOMME VIT ENCORE.

J'ai vu le moment où la Parque,
Sans respect pour un chansonnier,
Me forçait d'entrer dans la barque
Du redoutable nautonnier :
Malgré les soins d'un Esculape,
Grand pourvoyeur du sombre bord,
Pour cette fois-là, j'en réchappe ;
Petit bon homme vit encor.

Bientôt une force nouvelle
Me rend l'amour et la gaieté :
Bien vite je cours à ma belle
Faire hommage de ma santé ;
Contre son cœur elle me presse,
Je vous revois, mon cher Victor !
Moment de bonheur et d'ivresse !
Petit bon homme vit encor.

Lise à seize ans, propriétaire
D'une fleur bien rare à trouver,
Prétendait que dans son parterre
Elle saurait la conserver ;
L'Amour, qui veut punir sa faute,
Lui dit : Pour garder ce trésor
Vous avez compté sans votre hôte ;
Petit bon homme vit encor.

Harpagon tombe en défaillance ;
Ses neveux, qui le croyaient mort,
Tout en pleurant par bienséance
Ont fait ouvrir son coffre-fort :
Tout-à-coup mon homme s'écrie,
En s'éveillant au bruit de l'or :
Fermez le coffre, je vous prie ;
Petit bon homme vit encor.

Au sommet du Pinde Voltaire
Pense qu'on ne peut l'attaquer ;
Des gens que tout Paris révère
Espèrent bien l'en débusquer :
Poussez, messieurs de la cabale,
Redoublez un si noble effort :
Pour le siècle c'est un scandale ;
Petit bon homme vit encor.

Des gens de science profonde,
Dont j'estime fort le savoir,
Au petit cercle de ce monde
Voudraient limiter notre espoir ;
· Du haut de ma philosophie
Je prends un plus sublime essor,
Et je crois que dans l'autre vie
Petit bon homme vit encor.

L'IMPROMPTU DE BOUDOIR.

DIALOGUE

ENTRE UNE FEMME SENSIBLE ET UN JEUNE IMPERTINENT [1].

Air : *J'ai vu par-tout dans mes voyages.*

LA DAME.

Hé quoi, monsieur! vous introduire
A cette heure dans mon boudoir!
Quel dessein a pu vous conduire?

LE JEUNE HOMME.

Demandez à votre miroir.
Ah! si la raison me condamne,
Que l'amour dicte mon arrêt.

LA DAME, *fièrement.*

Sortez!

LE JEUNE HOMME.

C'est le mot de Roxane;
Mais suis-je donc un Bajazet.

LA DAME, *d'un ton un peu moins sévère.*

J'admire votre impertinence;
Je vous connais depuis un jour,
Et vous osez, quelle insolence!
A minuit me parler d'amour.

---

[1] En achetant un bonheur du jour, de hasard, j'ai trouvé ce dialogue dans un tiroir secret.

LE JEUNE HOMME.

Autant que moi, dans cette affaire,
Madame, on pourrait vous blâmer.
Quand vous vous hâtez de me plaire
Je me hâte de vous aimer.

LA DAME, *frappée de la justesse de ce raisonnement.*

Cet aveu si prompt et si leste,
Je veux bien vous le pardonner....
Mais sur-tout, monsieur, point de geste,
Ou sur-le-champ je vais sonner.
Encore.... c'est par trop d'audace,
Pour le coup je dois me fâcher.

LE JEUNE HOMME, *à ses pieds.*

Ah! par vos genoux que j'embrasse,
Elvire, laissez-vous toucher.

LA DAME, *profondément émue d'une action si touchante.*

Que je m'en veux d'être sensible!
Vous me trompez assurément.

LE JEUNE HOMME, *s'asseyant auprès d'elle.*

Jugez vous-même; est-il possible
De montrer plus de sentiment?

LA DAME, *tout à fait convaincue.*

En vain la sagesse alarmée
M'offre son fragile soutien;
Oui, je le sens.... je suis aimée :
Je trouve un cœur digne du mien.

(Nous supprimons ici deux couplets en monosyllabes, qui n'ont
ni rime ni raison)

LA DAME.
Que votre éloquence est aimable !
Le cœur ne peut s'en garantir.
  LE JEUNE HOMME, *d'une voix altérée.*
Je ne suis point intarissable ;
L'entretien commence à languir.
  LA DAME, *avec le ton d'un reproche adouci.*
Votre voix plus douce et plus tendre
Ne restera pas en défaut.
   LE JEUNE HOMME.
A peine si l'on peut m'entendre.
   LA DAME.
Moi, je comprends à demi-mot.

  LE JEUNE HOMME, *prend son chapeau.*
Il est tard ; on pourrait médire ;
Vos femmes comptent les instants.
Souffrez donc que je me retire.
  LA DAME, *avec un long soupir.*
Je m'aperçois qu'il en est temps.
Adieu, tendre objet que j'adore.
  LE JEUNE HOMME, *ouvre la porte.*
Adieu, mon trésor le plus doux.
  LA DAME, *par réflexion.*
Cher amant, un seul mot encore ;
Dites, comment vous nommez-vous ?

 (Au bas était écrit de la main de la dame :)

« Il sortit sans répondre ; mais j'ai su depuis que c'était
« un jeune homme très comme il faut. ».

LA NATURE.

Air : *Femmes voulez-vous éprouver.*

Hé quoi! toujours mêmes sujets!
Toujours l'amour et les bouteilles;
Je vise à de plus grands objets,
Mes amis, ouvrez vos oreilles :
Comme le chantre des Romains,
Disciple du sage Épicure,
Sans aller par quatre chemins,
Je vais vous chanter la nature.

A tout ce qu'on voit ici-bas
Ce mot admirable s'applique;
Avec ce mot, qu'on n'entend pas,
Tout le reste aisément s'explique :
Vanter ses charmes triomphants,
D'un bon cœur est la preuve sûre;
On peut négliger ses enfants,
Mais il faut aimer la nature.

Je demande modestement
A certain raisonneur moderne
De m'expliquer un peu comment
Ce vaste univers se gouverne;
Le fait, me dit-il, est prouvé;
Ce n'est plus une conjecture;
Ce grand secret, je l'ai trouvé,
C'est le secret de.... la nature.

Reprochez à Valsain ses mœurs,
A Lise ses tendres faiblesses,
Au petit Préval ses hauteurs,
Au grand Dorville ses bassesses ;
Chacun, malgré son goût distinct,
Va vous répondre, je vous jure,
Tout animal a son instinct,
Et j'obéis à la nature.

Dorimond prétend que le fils
Dont sa femme le rendit père
A tous les défauts réunis,
Qu'il est méchant, fourbe, colère ;
« Contre vous il défend ses droits,
Dit-elle à l'époux qui murmure ;
« Monsieur, je vous l'ai dit cent fois,
« C'est un enfant de la nature.

La nature dans nos romans
Brille de parures postiches,
Et de cent poëmes charmants
Elle remplit les hémistiches :
Au moyen du Cosmorama,
On nous la montre en miniature,
Et l'on prépare un opéra
Où l'on fait danser la nature.

On ne voit plus ses favoris
Pour les champs déserter la ville ;
On vient l'adorer à Paris,
Et son temple est au vaudeville.

Tel auteur qu'attend le sifflet
Se voit applaudi sans mesure,
Quand, à la fin de son couplet,
Il peut amener la nature.

Dans tous leurs écrits nos auteurs
Font l'éloge de la *nature* ;
Dans leurs visites nos docteurs
Font le procès à la *nature*.
Nos femmes, pour l'habit, les mœurs,
Se rapprochent de la *nature* ;
Mais en revanche nos acteurs
S'éloignent bien de la *nature*.

CURIOSITÉ N'EST PAS VICE.

Tous les vices, à ce qu'on dit,
Étaient dans la boîte à Pandore,
La curiosité l'ouvrit,
Soudain on les vit tous éclore.
Je blâme un caprice indiscret;
Mais en faisant cette malice,
Puisqu'elle était hors du coffret,
Curiosité n'est pas vice.

Maman, qu'est-ce donc que l'amour?
Demande Laurette à sa mère.
La maman prend un long détour,
Et n'éclaircit point le mystère.
Laurette ailleurs va consultant;
On instruit enfin la novice,
Qui s'enhardit en répétant:
Curiosité n'est pas vice.

Jadis on plaçait dans un puits
La vérité, rare merveille;
Mais on a découvert depuis
Qu'elle est au fond d'une bouteille;
C'est là que nous la cherchons tous;
Le fait vaut bien qu'on l'éclaircisse;
Pour nous convaincre enivrons-nous,
Curiosité n'est pas vice.

L'hymen doit méditer son choix.
Églé, qui craint une méprise,
Éprouve un amant chaque mois,
Tant elle a peur d'être surprise.
D'un époux veut-on s'assurer,
Il faut le voir en exercice;
Pour choisir il faut comparer:
Curiosité n'est pas vice.

Je voudrais savoir quel docteur
Croit à son art que je dénie;
Je voudrais savoir quel auteur
Est mécontent de son génie;
De certains ouvrages vantés,
Où Paris bâille avec délice,
Je voudrais trouver les beautés:
Curiosité n'est pas vice.

Je me demande quelquefois,
Quand je n'ai rien de mieux à faire,
Ce que je suis, ce que je vois,
Ce que nous faisons sur la terre.
Sorti de ce monde falot,
De l'autre, où mon espoir se glisse,
Je voudrais savoir le fin mot:
Curiosité n'est pas vice.

ÉLOGE DES ORAGES.

Air: *Je croyais pouvoir en tous lieux.*

Chaque chose a son beau côté;
J'en pourrais citer mille preuves :
C'est une vieille vérité;
Mais en est-il beaucoup de neuves?
Nous faudra-t-il peindre toujours
Un temps calme, un ciel sans nuages?
On a tout dit sur les beaux jours;
Moi, je veux chanter les orages.

Du printemps les riantes fleurs
Ne sont encor que des promesses;
Mais dans ses fécondes chaleurs
L'été prodigue les richesses :
L'automne vient pour attrister
Et notre vie et nos bocages;
L'hiver se passe à regretter
La belle saison des orages.

Errante au milieu des forêts,
La tendre veuve de Sychée,
De la foudre craignant les traits,
Dans une grotte s'est cachée.
Énée, en ces lieux embusqué,
Du moment saisit l'avantage,

Et cet hymen un peu brusqué
S'improvisa pendant l'orage.

Depuis deux ans Laure et Melcourt
Dans l'hymen trouvent le divorce.
Le tonnerre gronde ; elle accourt.
De la calmer l'époux s'efforce.
Six mois après de sa frayeur
Laure lui donne un autre gage ;
Melcourt consulte le docteur ;
C'est, dit-il, l'effet de l'orage.

Quand le nautonnier sur les mers
Poursuit sa course périlleuse,
Il aime à voir les flots amers
Tourmenter sa nef orgueilleuse :
Mais si dans un calme honteux
Neptune enchaîne son courage,
Au ciel, en adressant ses vœux,
Il ne demande qu'un orage.

Au champ d'honneur, au champ des arts,
Vous qui poursuivez la victoire,
Tout est périls, tout est hasards
Dans la carrière de la gloire :
Pour atteindre aux succès brillants,
Sachez affronter les naufrages ;
La noble palme des talents
Fleurit au milieu des orages.

La vie est un vaste océan
Où chacun de nous s'achemine;
L'un fait sa course en moins d'un an,
L'autre en un siècle la termine :
C'est là que finit le rapport,
Car, dans ce risible voyage,
La crainte nous amène au port,
L'espoir nous suivait dans l'orage.

LES ÉPITAPHES.

L'épitaphe n'est d'usage
Que pour ceux qui ne sont plus ;
Mais à tort de cet hommage
Bien des vivants sont exclus.
Empressons-nous de leur rendre
Un honneur si bien placé,
Et chantons sur un air tendre
Requiescat in pace.

Ci-gît, à la fleur de l'âge,
Près de son caduc époux,
Lise qu'un tyran sauvage
Retient sous quatre verrous ;
Sur sa couche solitaire
L'amour lui-même a tracé
La devise funéraire,
Requiescat in pace.

Ci-gît le docteur Pélage,
Des malades l'Attila,
Qui vient d'avoir le courage
D'abdiquer comme Sylla :
Quel bienfait que sa paresse !
S'il ne s'était pas lassé,
C'en était fait de l'espèce ;
Requiescat in pace.

Ci-gît un plat légendaire
Et son doucereux fatras;
Il mourut chez son libraire,
Qui ne lui survivra pas.
Sans avoir vu la lumière
Mon flandrin est trépassé;
Ne troublons pas sa poussière,
Requiescat in pace.

Ci-gît de la tendre Ursule
L'amant fidèle et vanté;
De tous les attraits d'Hercule
Par le ciel il fut doté.
Jamais en fait de tendresse
Amant ne l'a surpassé;
Il épouse sa maîtresse,
Requiescat in pace.

Ci-gît notre ami Grégoire,
Grand amateur de vin vieux;
Il crut l'homme né pour boire,
Nul ne s'en acquitta mieux.
Par un chanoine indomptable
Ce grand homme terrassé,
Repose enfin sous la table;
Requiescat in pace.

Dans le fond de l'Allemagne,
Couché sur son coffre-fort,
Ci-gît un roi de Cocagne
Qui croit régner quand il dort;

S'il advient que ce brave homme
De son trône soit chassé,
Il aura fait un bon somme ;
Requiescat in pace.

Ci-gît au fond de son île
Un peuple de matelots ;
Dans les combats inhabile,
Mais très habile en complots ;
Pour mettre fin à la guerre
Dont le monde est harassé,
Plaise à Dieu que l'Angleterre
Requiescat in pace.

LA LOGE GRILLÉE,

OU

LE PROVINCIAL AU SPECTACLE,

ANECDOTE DRAMATIQUE.

Au bruit d'une fade musique,
Qu'attristaient des vers langoureux,
Hier, à l'Opéra-Comique,
Je bâillais comme un bienheureux :
Un voisin me tira de peine,
Et grace à lui je distinguai,
Dans une loge d'avant-scène,
Un spectacle beaucoup plus gai.

Malgré l'obstacle de la grille
Je voyais un jeune homme assis
Près d'une femme veuve ou fille,
Ce point me semblait indécis;
Mon voisin, qu'une longue étude
Ne mettait jamais en défaut,
Jugea, d'après son attitude,
Qu'elle était femme ou peu s'en faut.

J'avais d'abord peine à comprendre
Comment à ces chants ennuyeux
Cette belle paraissait prendre
Un intérêt prodigieux :

N'en cherchons pas plus loin la cause,
Me dis-je ; dans tout ce fracas
Elle aura saisi quelque chose
Que le public n'aperçoit pas.

Mais bientôt elle manifeste
De son cœur le trouble croissant ;
Son maintien, son regard, son geste,
Expriment tout ce qu'elle sent :
Sur la grille sa main posée
Atteste par son tremblement,
Que sa raison est maîtrisée
Par la force du sentiment.

De la musique sur notre ame
Voyez quel différent effet ;
De plaisir la dame se pâme
Dans un duo que l'on sifflait ;
Mais tout lui plaisait, il me semble,
Car je fus encor plus surpris,
A la fin du morceau d'ensemble,
De l'entendre demander *bis*.

Je riais de sa folle ivresse ;
Mais le voisin, grand connaisseur,
Interprétait avec finesse
Tous les mouvements de son cœur.
La grille se baisse, la dame
Paraît dans toute sa splendeur.
—Ciel !—Qu'avez-vous ?.... C'était la femme
De mon voisin l'observateur.

LE ROCHER DE CANCALE.

Air : Mon père était pot.

En voyant les rochers fameux
   Qu'on cite dans l'histoire,
Toujours quelque accident fâcheux
   S'offre à notre mémoire ;
     Moi j'en connais un
     Qu'aux yeux de chacun
   Plus gaiement je signale ;
     On doit se douter
     Que je vais chanter
   Le rocher de Cancale.

En Grèce l'amant malheureux
   De quelque belle ingrate,
Allait faire un saut périlleux
   Au rocher de Leucate ;
     D'un moyen plus doux
     On use chez nous
   Sans se donner la cale ;
     L'amoureux nigaud
     Peut faire le saut
   Au rocher de Cancale.

Moïse pour désaltérer
   Sa troupe fugitive ;

D'un roc autrefois sut tirer
  Quelques pintes d'eau vive.
   Miracle d'enfant !
   Ici d'un plus grand
  Notre hôte nous régale ;
   Il commande, il dit,
   Et le vin jaillit
  Du rocher de Cancale.

Du haut du rocher tarpéien
  Au pied du Capitole,
A Rome plus d'un citoyen
  A fait la cabriole :
   Qui sautait le pas
   N'en revenait pas ;
  La chute était fatale ;
   Nous, sans succomber,
   Nous savons tomber
  Au rocher de Cancale.

La mer y prodigue les dons
  De son vaste domaine ;
On n'y manque d'aucuns poissons,
  Pas même de *baleine* :
   Les huîtres sur-tout
   Sont du meilleur goût,
  Et tel qui les avale,
   Comme elles souvent
   S'en va raisonnant
  Du rocher de Cancale.

Ce roc a ses dangers; je dois
   En faire la remarque :
La raison même quelquefois
   Vient y briser sa barque;
     Et sa majesté
     Un peu de côté,
   En dépit du scandale,
    Nageant des deux mains,
    Sort entre deux vins
Du rocher de Cancale.

Le céleste époux de Junon
   Sur l'Olympe préside;
Sur la cime de l'Hélicon
   Le dieu des vers réside;
     Puisque tous les dieux
     Aiment les hauts lieux,
   Cette loi générale,
    De droit ici met
    Bacchus au sommet
Du rocher de Cancale.

LA FRANCHE COQUETTE.

Air: *Mon honneur dit que je serais coupable.*

Vous m'imposez un cruel sacrifice
En exigeant de la sincérité;
Mais j'y consens aujourd'hui par caprice,
Je veux, Léon, dire la vérité :
Depuis trois mois on croit que je vous aime,
Je vous le prouve, et, sans autre raison,
Depuis trois mois vous le croyez vous-même;
Depuis trois mois je mens, mon cher Léon.

Il vous souvient du souper où Glycère
Me disputait le prix de la beauté;
Vous vous aimiez d'un amour bien sincère,
Mais un regard vous place à mon côté :
Certain Médor était assis de l'autre;
Il eut sa part d'un muet entretien;
Car si mon pied interrogeait le vôtre,
De mon genou je répondais au sien.

Mon triste époux, que l'exemple encourage,
Croit à son tour qu'il peut être inconstant;
Je dois punir un projet qui m'outrage,
Vous arrivez dans cet heureux instant.
De vos succès voilà tout le mystère;
N'y cherchez point un motif étranger :

En vous prenant je désolais Glycère,
Et d'un mari j'avais à me venger.

— Eh quoi, Zulmis! cette lettre si tendre?....
— N'est qu'un extrait d'un ouvrage récent.
— Mais ce poison qu'un jour vous vouliez prendre?...
— Autant que vous il était innocent.
— A mon départ vos mortelles alarmes?....
— On s'embellit à se désespérer.
— Vos maux de nerfs?.... — Bagatelle. — Vos larmes?
— En s'exerçant on apprend à pleurer.

Ne cherchez pas d'excuse à ma faiblesse;
Je dois ici vous parler sans détour;
Jamais mon cœur n'a connu la tendresse :
Mes sens glacés n'ont pas besoin d'amour.
— Vous oubliez ces tendres tête-à-tête
Où de plaisir vous mouriez dans mes bras?
— La vanité n'a qu'un prétexte honnête
Pour révéler les plus secrets appas.

— De mon courroux ma fierté me rend maître,
Et je rougis de ma honteuse erreur;
J'apprends de vous enfin à vous connaître,
Je lis au fond de ce perfide cœur.
— Vous me croyez aussi par trop sincère :
Méditez bien, Léon, ce dernier trait;
Mon aveu même est peut-être un mystère,
Et ma franchise est encor mon secret.

VOILA LE DIABLE A CONFESSER.

Dans ce monde l'on ne fait guère
Que des projets suivant son goût;
Le plaisir même est une affaire
Dont on vient rarement à bout :
On entreprend avec délice,
Mais ce n'est tout de commencer;
Il faut encor que l'on finisse,
Voilà le diable à confesser.

Laure, qu'on cite pour modèle
De sagesse et de sentiment,
Va serrer la chaîne éternelle
Qui doit l'unir à son amant.
La belle se donne pour neuve;
Laure, c'est trop vous avancer:
L'instant vient d'en fournir la preuve,
Voilà le diable à confesser.

D'un certain trésor qu'on s'arrache
Le vieil Orgon est entiché;
D'une jeune beauté sans tache
Avec l'hymen il fait marché.
Des fillettes il tient la perle;
Mais ce qui doit l'embarrasser,
C'est qu'il faut dénicher le merle,
Voilà le diable à confesser.

Le gros Mondor charge sa table
Des mets les plus délicieux,
Et les flots d'un vin délectable
Y charment le goût et les yeux
Notre homme aime la bonne chère,
Il a de l'or à dépenser;
Mais, hélas! il faut qu'on digère,
Voilà le diable à confesser.

Demain c'est la fête d'Armande;
Elle exige un couplet galant;
Mais pour les choses de commande
Je n'ai pas le moindre talent.
Ce maudit couplet m'embarrasse,
Et je voudrais m'en dispenser;
La dame veut qu'on le lui fasse,
Voilà le diable à confesser.

Après une joyeuse vie,
Un beau matin on dit bonsoir;
Et, qu'on en ait ou non l'envie,
Monsieur le curé vient vous voir.
« A vos péchés, mon très cher frère,
« Dans ce moment il faut penser;
« Dites-moi tout. » Hélas! mon père,
Voilà le diable à confesser.

L'INCONSTANCE JUSTIFIÉE.

Air....

J'étais né pour être fidéle,
Et cependant, jouet du sort,
J'ai mainte fois changé de belle,
Mes amis, voyez si j'ai tort :
Vieille fille expérimentée
A quatorze ans me mit en jeu ;
Elle me prit sans mon aveu,
    Je l'ai quittée.

Comme un Saint-Preux j'aimais Julie,
C'était la rose en sa fraîcheur ;
Air ingénu, grace embellie
Du prestige de la pudeur ;
Mais cette novice empruntée
Me causa d'étranges regrets....
Que Dieu vous garde d'une Agnès,
    Je l'ai quittée.

Après quelque temps de retraite,
Bien guéri d'une folle erreur,
Près d'une dévote discréte
Je remplaçai son directeur.

Toujours d'un saint zéle emportée,
Dans son immuable ferveur,
Elle exigeait trop de mon cœur,
    Je l'ai quittée.

Essoufflé du rôle sublime
Que j'avais joué quatre mois,
Pour mettre mon cœur au régime,
D'une coquette je fis choix.
Je connaissais bien la portée
Des goûts de ma divinité;
Une heure avant d'être quitté
    Je l'ai quittée.

Pour plaire à la muse Arabelle
Je me réclamai d'Apollon,
Et de cette Sapho nouvelle
J'eus l'honneur d'être le Phaon.
Pour son esprit elle est vantée,
Elle a mille talents divers :
Il fallait écouter ses vers,
    Je l'ai quittée.

Du moins auprès de Juliette
On ne craignait pas l'entretien;
Elle était constamment muette,
Et pourtant ne vous cachait rien.
La nature l'avait dotée
D'un bon cœur, d'un joli minois;
Mais comme on cause quelquefois,
    Je l'ai quittée.

La noble Isaure eut mon hommage;
Mais trop fière de ses aïeux,
Elle en avait à-peu-près l'âge :
Moi je ne suis pas glorieux;
De mon amante patentée
J'ai rompu les illustres nœuds;
Pour l'objet de mes *derniers* vœux,
  Je l'ai quittée.

LES OCCASIONS DE GAIETÉ.

RONDE A RIRE.

Air du curé de Pomponne.

Je suis bien las de la raison
   Que par-tout on étale;
La gaieté n'est plus de saison,
   Rire est un vrai scandale;
Mais nous avons ce travers-là
   Au Rocher de Cancale;
   Avec nous qui viendra
      Là
     Rira,
Nargue de la cabale!

Lise a tous les saints enchâssés
   Dans son humble demeure,
Elle a toujours les yeux baissés,
   Elle prie à toute heure:
Pures grimaces; tout cela
   N'est qu'un perfide leurre;
   Ah! qui se frottera
      Là
     Rira,
Si pourtant il ne pleure.

Damis, insolent et poltron,
    A provoqué Valère;
Valère exhale en fanfaron
    Sa risible colère.
L'heure est prise : chacun ira
    Trouver son adversaire;
    Le témoin qui sera
            Là
            Rira
    Des suites de l'affaire.

Laure qui se donne à trente ans
    Pour une jouvencelle,
S'est fait annoncer aux Persans [1]
    Comme une fleur nouvelle.
L'étranger qu'on présentera
    Chez cette demoiselle,
    Sitôt qu'il entrera
            Là
            Rira
    De lui, mais sur-tout d'elle.

Dormond que j'ai connu *La Fleur*,
    Si j'ai bonne mémoire,
Tranche aujourd'hui du grand seigneur
    Pour nous en faire accroire.
Dans plus d'un dîner l'on pourra
    S'assurer de l'histoire ;

[1] Il y avait alors à Paris un ambassadeur persan et sa suite

Paul qui le servira
   Là
  Rira,
En lui versant à boire.

Nicette, en sortant du couvent,
  Fraîche comme la rose,
Vient d'épouser un vieux savant
  Bardé de vers, de prose.
Nice qui dans lui cherchera
  Le talent qu'on suppose,
  Quand l'époux en viendra
     Là
    Rira
De voir comme il compose.

Pour peu qu'en quittant ces bas lieux
  Nous fassions pénitence,
D'un paradis délicieux
  Nous avons l'espérance.
Vraiment j'ai dans ces choses-là
  Beaucoup de confiance.
  Qui se retrouvera
     Là
    Rira,
Rions pourtant d'avance.

RESTONS A PARIS.

Air: *J'ai vu par-tout dans mes voyages.*

J'ai découvert dans mes voyages
Un pays comme on n'en voit pas;
Le ciel est toujours sans nuages,
La terre est toujours sans frimas;
L'éclat de la rose nouvelle
Orne la moindre fleur des champs;
Tous les oiseaux, de Philomèle   } (*bis.*)
A l'envi répètent les chants.

C'est là qu'on trouve les modèles
De ces amours du bon vieux temps;
Par-tout des maîtresses fidèles,
Des amants heureux et constants.
D'hymen on suit les lois sévères,
Les époux tiennent leurs serments,
Et les enfants nomment leurs pères
Sans faire rire leurs mamans.

De Mars la fureur meurtrière
De ces lieux n'approche jamais;
Et du bon abbé de Saint-Pierre
Règne l'inaltérable paix.
De l'erreur le rayon oblique

N'égare pas les beaux esprits;
Et même en fait de politique
On est toujours du même avis.

Là, point de rocher de Cancale,
Point de vin d'Aï, de Pomar;
Une table simple et frugale,
Et d'un lait pur le doux nectar.
Le vieillard voit sans maladie
A cent ans approcher sa fin;
Il n'a, pour abréger sa vie,
Ni cuisinier ni médecin.

De l'amitié les nœuds sincères
Réunissent tous les auteurs,
Et sans jalousie, en bon frères,
Ils vivent avec les neuf sœurs.
Ces auteurs, différents des nôtres,
Partagent entre eux les succès;
Ils vantent toujours ceux des autres,
Et des leurs ne parlent jamais.

Vous brûlez de prendre la route
De ce pays aimé des cieux,
Et vous voulez savoir sans doute
Comment j'ai pu quitter ces lieux?
Je vous le dis en confidence,
Gardez-vous bien de me trahir;
Dans ce séjour de l'innocence,
Hélas! on s'ennuie à périr.

Chez nous même jardin rassemble
Et les roses et les pavots;
Pêle-mêle on rencontre ensemble
Des sages, des fous, et des sots;
Mais de ces contrastes étranges
Naissent les plaisirs et les ris;
Béni soit le pays des anges,
Mais pourtant restons à Paris.

HONNI SOIT QUI MAL Y PENSE.

VAUDEVILLE.

Air: *Dans cette retraite à quinze ans.* (Des Visit.)

Sur le monde en jetant les yeux,
Sans doute il est permis d'en rire;
J'aime assez les propos joyeux
Qu'assaisonne un grain de satire.
Quelques tableaux, point de portraits,
Je déteste la médisance :
Sans amertume, sans apprêts
J'esquisse au hasard quelques traits;
  Honni soit qui mal y pense.   (*bis.*)

Sous les regards de ses parents,
Laure, élevée avec décence,
Ne reçoit pas de jeunes gens,
Excepté son maître de danse.
Cependant son cœur est atteint
D'un mal qui croît dans le silence;
L'éclat de ses yeux, de son teint
Depuis deux ou trois mois s'éteint;
  Honni soit qui mal y pense.

Dans un Caton de vingt-cinq ans
La sagesse est chose bien fade;

J'aime mieux les défauts brillants
Du séduisant Alcibiade.
La Grèce entière qu'il charma
Eut pour lui la même indulgence;
Le divin Socrate l'aima,
Il l'instruisit, il le forma;
  Honni soit qui mal y pense.

On se plaint de ces écrivains
Qui, dans leur rage famélique,
Versent sur des talents divins
Les flots d'une amère critique.
Les insectes au meilleur fruit
Donnent toujours la préférence.
Gloire à l'instinct qui les conduit,
Gloire à la main qui les détruit;
  Honni soit qui mal y pense.

Le gros Verseuil est tout surpris
Qu'à son retour d'un long voyage
Sa femme lui présente un fils.
Très gravement il l'envisage.
Laissez-moi compter par mes doigts,
Dit-il, la chose est d'importance.
Je suis parti depuis vingt mois,
Le cher enfant n'en a que trois;
  Honni soit qui mal y pense.

Vêtu d'un justaucorps mesquin,
Paul vient à pied de son village;

Je vis arriver mon faquin,
En sautoir portant son bagage.
Il a des terres, des châteaux;
D'où lui vient donc tant d'opulence?
Il a fourni les hôpitaux,
Il a prêté ses capitaux;
  Honni soit qui mal y pense.

Vantez-nous ce globe maudit,
S'écrie Alceste qui l'abhorre;
L'hiver, le froid nous engourdit,
L'été, le soleil nous dévore;
Pour la vertu sont les revers,
Le vice prospère, on l'encense.
Mais dans ce maudit univers,
On fait l'amour, on fait des vers;
  Honni soit qui mal y pense.

PRÉCAUTIONS

CONTRE LA FORTUNE.

<small>AIR: *Aux soins que je prends de ma gloire.*</small>

Je puis un jour faire fortune,
Voyons ce qui m'arrivera :
Je suivrai la route commune,
Et la tête me tournera.
Contre moi dans ce manifeste
Essayons de me prémunir ;
Ma raison aujourd'hui proteste
Contre ma folie à venir.

Si dans mes folles incartades,
Voulant vous éblouir les yeux,
Je fais par-delà les croisades
Remonter mes nobles aïeux ;
Sur ce point vous devez m'en croire,
Je cite les temps et les faits ;
Rapportez-vous-en à l'histoire....,
A l'histoire que je vous fais.

Si dans mes plaintes éternelles,
Regrettant mes anciens châteaux,
Je soutiens que les lois nouvelles
M'enlèvent mes droits féodaux ;

De la vanité la plus pure
Tenez-moi bien pour convaincu;
Les malheurs du temps, je vous jure,
Ne m'ont pas fait perdre un écu.

Si, par une risible audace,
Auteur de quelques madrigaux,
Je prétends siéger au Parnasse,
Entre Voltaire et Despréaux;
Je consens que l'on me bafoue,
Et qu'on montre au doigt le dindon
Qui se gonfle en faisant la roue
Auprès des oiseaux de Junon.

Si de cent maîtresses fidèles
J'affiche par-tout les faveurs,
On voudra connaître les belles
Dont l'amour m'a soumis les cœurs :
Que ces recherches importunes
Ne hâtent pas votre réveil.
Plusieurs de mes bonnes fortunes
Sont le secret de mon sommeil.

Si du carrosse où je m'élance,
A l'exemple de bien des gens,
Je jette un regard d'insolence
Sur de vieux amis indigents;
En voyant ma sotte figure,
Dites, en riant de pitié:
Ce n'est qu'un faquin en voiture;
Il valait beaucoup mieux à pié.

Mais si par l'aveugle déesse
Je ne suis jamais visité,
Si par humeur elle me laisse
Dans mon heureuse obscurité;
A me passer de ses largesses
Sans le moindre effort je consens,
Puisqu'il faut payer les richesses
De la perte de son bon sens.

ADIEUX A SOPHIE.

ROMANCE. (1786.)

Air : *O toi qui n'eus jamais dû naître.*

O toi que j'aime avec ivresse,
Pour qui je voulais exister !
C'en est fait, l'illusion cesse,
L'honneur parle, il faut te quitter.
    Gloire frivole,
    Trompeuse idole,
C'est au cœur à t'apprécier.
    O ma Sophie !
    Tu m'es ravie,
Et l'on me parle de laurier.

Mais déja la barque fatale
Sillonne l'humide élément,
Et loin de la rive natale
Les vents entraînent ton amant.
    Il ne me reste
    (Trésor funeste)
Du bonheur que le souvenir,
    L'horreur présente
    Qui me tourmente,
Et des larmes pour l'avenir.

Des mers la vaste solitude
Nourrit et flatte ma douleur;
Seul avec mon inquiétude,
J'y retrouve toujours mon cœur.
  Si la tempête
  Vient sur ma tête
Balancer ses traits suspendus;
  D'un regard ferme,
  Je vois le terme
Des jours que tu n'embellis plus.

Adieu pour jamais, ma Sophie;
Adieu sans espoir de retour.
Le rêve trop long de la vie
Doit finir où finit l'amour.
  De l'existence,
  L'indifférence
Peut traîner le poids sans gémir;
  J'ai vu tes charmes,
  J'ai vu tes larmes,
Je te perds, il faut bien mourir.

C'EST TROP FORT.

Air : *Ça n'se peut pas.*

De deux amants en tête-à-tête
Hier j'ai surpris l'entretien,
Et de cette aventure honnête
Je veux être l'historien.
Contons la chose avec franchise ;
Qu'on nous entende sans effort ;
Mais craignons pourtant qu'on ne dise :
    Ah ! c'est trop fort !   (*bis.*)

Dans le fond d'un boudoir, qu'éclaire
Le plus aimable demi-jour,
Ursule voit entrer Valère ;
Son cœur bat d'espoir et d'amour.
— Enfin à mes vœux tout conspire,
Et l'Amour me conduit au port ;
Depuis deux grands mois je soupire ;
    Ah ! c'est trop fort !

Tout en disant ces mots Valère
S'avance et tombe à ses genoux.
Ursule prend un ton sévère,
Que dément un regard plus doux.
— Ce début me semble un peu leste ;

Entre nous tout n'est pas d'accord :
Mais sur-tout, monsieur, point de geste!
  Ah! c'est trop fort!

C'est donc en vain que je me fâche?
— Ah! n'accusez que vos appas.
— Non, vous poursuivez sans relâche
Un but que vous n'atteindrez pas.
Contre une sagesse invincible
Qu'attendez-vous d'un vain transport?
Vous le voyez, c'est impossible :
  Ah! c'est trop fort!

—Je prétends faire ce miracle;
Espérez tout de mon ardeur :
Je m'irrite contre l'obstacle
Que franchit toujours un grand cœur.
Desir naît et pudeur s'oublie;
Ursule, en accusant le sort,
Disait d'une voix affaiblie :
  Ah! c'est trop fort!

Mais que le bonheur est fragile!
On a bien tort de s'y fier;
Le vainqueur dans un champ fertile
Ne moissonne qu'un seul laurier;
Et de cette aventure unique
La belle, confuse d'abord,
Murmurait d'un ton ironique :
  Ah! c'est trop fort!

Admirez ma délicatesse!
Disait Valère en s'en allant;
Je sais réprimer ma tendresse.
— Ne cultivez pas ce talent;
Au point où vous m'avez réduite,
Lorsque l'on a le premier tort,
Il faut en avoir deux de suite.
  — Ah! c'est trop fort!

LES VOYAGES DE L'AMOUR.

(1794)

Vénus achevait à Cythère
L'éducation de l'Amour;
Elle sent qu'il est nécessaire
D'Europe qu'il fasse son tour.
D'ailleurs, si l'on en croit les sages
De tous les lieux, de tous les temps,
L'expérience et les voyages
Forment beaucoup les jeunes gens.

Que de pleurs pour se mettre en route!
L'Amour ne voulait pas partir;
C'est le premier pas seul qui coûte :
Depuis il veut toujours courir.
A son fils la reine des belles
Fait don, en partant, d'un flambeau;
Le Plaisir lui prête ses ailes,
Et la Fortune son bandeau.

Sous la conduite de Mercure,
Qu'on lui donne pour gouverneur,
L'enfant, maître de la nature,
Arrive chez le grand-seigneur.
Si du sérail l'antique usage
Avait pour lui quelques appas,

Il ne pouvait souffrir l'image
De ces messieurs qui n'en sont pas.

Après huit jours de résidence,
Ivre de parfums, de sorbet,
L'Amour tira sa révérence
Au successeur de Mahomet.
En vain l'auguste Catherine
Veut le fixer en son pays;
Il ne peut se faire à la mine
De tous ces amoureux transis.

Mercure indique l'Angleterre;
Descendu sur ces bords vantés,
Cupidon se croit à Cythère,
Au milieu de tant de beautés;
Et pourtant ce climat fertile
N'était pas son pays natal :
Il mourait d'ennui dans cette île,
Sans pouvoir exprimer son mal[1].

On lui conseille l'air de France,
Des plaisirs asile connu,
Dont sa mère avec complaisance
L'a tant de fois entretenu.
Un jour, à l'insu de Mercure,
Vers ces beaux lieux il prend l'essor;
Mais en descendant de voiture
On lui demande un passe-port.

[1] Il n'y a pas de mot en anglais pour exprimer l'ennui.

Je suis l'Amour.... et je me flatte
Que ce nom de vous révéré....
L'un dit, c'est un *aristocrate;*
L'autre dit, c'est un *émigré;*
C'est, dit un troisième, un *despote.*
D'un ton piteux il répliqua,
Je suis un petit *sans-culotte;*
Aussitôt on le relâcha.

Persécuté de ville en ville,
Enfin il arrive à Paris;
Paris, qu'il croit toujours l'asile
Des plaisirs, des jeux et des ris.
Mais il en cherche en vain les traces
Dans ces palais, dans ces jardins
Jadis habités par les Graces,
Aujourd'hui par les Jacobins.

Fils du goût et de l'opulence,
Amant des arts, ami des jeux,
L'Amour abandonne la France,
Et cherche des bords plus heureux.
On le maltraite en Allemagne;
A Lisbonne il est détenu;
Il se sauve à travers l'Espagne,
Sûr de n'y pas être connu.

Pour s'introduire en Italie,
Il prend l'habit d'un cardinal;
A Venise, avec la Folie
L'Amour passe le carnaval.

Il allait partir pour Florence;
Mais on l'avertit à propos;
Et sur cet avis d'importance,
A Florence il tourne le dos.

L'Amour de retour à Cythère,
On s'aperçoit du changement;
Des Graces c'est encor le frère,
Mais non le fils du sentiment.
Vénus, qui n'en croit plus les sages,
Convient alors avec douleur,
Qu'en fait d'amour, dans les voyages,
L'esprit vit aux dépens du cœur.

L'OMBRE DE MARGUERITE.

ROMANCE.

Dans la nuit, à l'heure effrayante
Où l'airain frémit douze fois,
Des spectres la famille errante
Sort des tombeaux à cette voix.
Edmond, que le remords agite,
Cherche le sommeil qui le fuit;
L'ombre pâle de Marguerite
Vient s'asseoir au pied de son lit.

Regarde, Edmond, c'est moi, dit-elle,
Moi qui t'aimai, que tu trompas,
Moi dont la tendresse fidèle
Vit encor après le trépas.
J'en ai cru ta fausse promesse,
Je t'ai fait maître de mon sort;
Hélas! pour prix de ma tendresse
Fallait-il me donner la mort?

Jadis de la rose naissante
J'avais l'éclat et la fraîcheur;
Pourquoi sur sa tige brillante
Ton souffle a-t-il séché la fleur?
Mes yeux brillaient de tant de charmes,

Ingrat, alors que tu m'aimais!
Pourquoi donc les noyer de larmes?
Pourquoi les fermer à jamais?

Hier dans un palais superbe,
Aujourd'hui dans un noir cercueil;
Mon asile est caché sous l'herbe,
Et ma parure est un linceul :
De mon ardeur tendre victime,
Je crus être aimée à mon tour :
Qui me punit d'un pareil crime?
L'objet même de mon amour.

De ton inconstance cruelle
Le jour fut à tous deux fatal;
Quand ton cœur devint infidéle,
Edmond, il se connaissait mal :
Tu m'abandonnes, je succombe;
Mais, enchaînés par le destin,
Le remords vient d'ouvrir ma tombe;
Tu dois y descendre demain.

J'entends le coq, sa voix encore
Pour nous est un signal d'effroi;
Je ne dois plus revoir l'aurore,
Et c'est la dernière pour toi!
Adieu. Celle qui te fut chère
Te plaint, te pardonne, et t'attend....
L'ombre, à ces mots, perce la terre,
Et disparaît au même instant.

Edmond immobile, en silence,
A vu ce prodige effrayant;
De son lit soudain il s'élance
Défiguré, pâle et tremblant :
Il court, il cherche Marguerite,
Sa voix s'échappe en cris aigus;
Sur sa tombe il se précipite :
On le reléve, il n'était plus!

LES NOUVEAUX SORCIERS.

VAUDEVILLE.

Air : *C'est un sorcier.*

Aux sorciers on ne croit plus guère,
Mais c'est en vain qu'on m'a prêché;
De ce vieux préjugé vulgaire
Je reste toujours entiché.
De moi vous vous moquez d'avance;
D'avance aussi je l'ai prévu.
J'en ai vu.... ce qui s'appelle vu;
Et je citerai, même en France,
Puisqu'on ose m'en défier,
  Plus d'un sorcier.

Ce Dorimond, qui de Limoge,
Par le coche, vint à Paris,
Dans un palais aujourd'hui loge,
Gorgé d'argent et de mépris.
A sa fortune tout conspire :
Il est sans honneur, sans esprit;
Il obtient des honneurs, du crédit.
Comme vous, au lieu d'en médire,
Ne vaut-il pas mieux s'écrier :
  C'est un sorcier !

Laid, petit, roux, plat, fat et bête,
Et sans un sou de revenu,
Melcour, dit-on, en tête-à-tête,
Près des belles est bien venu.
Vous croyez expliquer la chose
Avec un souris libertin ;
Mais non, rien.... presque rien.... c'est certain.
Or il n'est point d'effet sans cause ;
Donc j'ai le droit de publier
    Qu'il est sorcier.

Damon, dont la muse engourdie
Pour modèle a choisi Kotzbou,
Nous a baillé pour comédie
Un long drame à dormir de bout :
De son ouvrage somnifère
Vous avez prévu le destin ;
Il ne peut aller jusqu'à la fin.
Mes amis, loges et parterre
Sont remplis un an tout entier.
    C'est un sorcier !

Germeuil, appesanti par l'âge,
Le dos voûté, les cheveux blancs,
S'avise d'entrer en ménage
Avec un tendron de seize ans.
On gémit sur la pauvre fille,
Qu'on s'obstine à nommer ainsi ;
Mais tout peut s'arranger, Dieu merci :
Le bon Germeuil voit sa famille

Tous les ans se multiplier.
    C'est un sorcier !

Ce gros abbé, d'esprit si mince,
Qu'on ne vit jamais au saint lieu,
A qui l'on prétend qu'un grand prince
Donnait deux ans pour croire en Dieu;
Dans sa conduite disparate,
Mais à son but très conséquent,
De préjugés s'en va trafiquant;
D'une calotte d'écarlate
On affuble mon grenadier :
    C'est un sorcier !

Armé d'une vieille assurance,
D'un débit lourd, d'un geste faux,
Mérival, sans intelligence,
Se croit un acteur sans défauts :
A contre-sens il se démène;
Alonge ou raccourcit les vers,
Toujours prend ses rôles de travers;
Autant qu'un Molé, sur la scène,
On applaudit ce grimacier.
    C'est un sorcier !

Et ce docteur que l'on renomme,
Qui du monde verra la fin;
Et Forlis, qu'on dit si bon homme,
Et dont le père est mort de faim;
Et ces barbouilleurs de gazettes,

Qu'enrichissent leurs plats écrits;
Et tant d'imbéciles beaux esprits;
Des Crésus qui n'ont que des dettes,
Des malotrus à vingt quartiers;
Que de sorciers!!!

CE NE SONT PAS DES CHANSONS.

POUR UNE FÊTE DE LOUISE.

Chanter Louise est bien facile;
Tout comme vous je le croyais;
Mais c'est le sujet de la ville
Qui prête le moins aux couplets.
Dirai-je en effet qu'elle est belle,
On me répond: Nous le savons;
Mon ami, garde ta nouvelle;
Ce ne sont pas là des chansons.

Si je veux peindre sur ses traces
Ce qu'on y rencontre toujours,
Le cortége aimable des Graces,
L'essaim fidéle des Amours,
Parny, de cet air de conquête
Que vous et moi lui connaissons,
Dit à l'oreille du poëte:
Ce ne sont pas là des chansons.

Si je veux la suivre au théâtre,
Et dans un couplet innocent
Montrer tout Paris idolâtre
De son admirable talent,
Aux premiers accords de ma lyre,
Le cri public couvre mes sons;

J'entends la France entière dire :
Ce ne sont pas là des chansons.

Oubliant l'actrice admirée,
Si je veux, bornant mon sujet,
Chanter d'une mère adorée
Le modèle le plus parfait,
Alors une fille chérie,
Sans me donner d'autres raisons,
Me dit d'une voix attendrie :
Ce ne sont pas là des chansons.

LE LIT ET LA TABLE.

CHANSON DE TABLE.

Air : *La bonne aventure, ô gué!*

Il faut régler ses desirs,
　Dit un sage aimable,
Et faire entre les plaisirs
　Un choix raisonnable.
Des biens je fais peu de cas,
Et je ne me plaindrai pas
Si j'ai toujours ici-bas
　Bon *lit*, bonne *table*.

J'ai parcouru vainement
　La terre habitable;
A qui tout ce mouvement
　Est-il profitable?
Que gagne-t-on à changer?
Sans aller chez l'étranger,
Bornons-nous à voyager
　Du *lit* à la *table*.

Damis voit dans la grandeur
　Un bien desirable;
Pour moi, je crois le bonheur
　Chose préférable.

L'homme heureux, sans se montrer,
Cherche à se faire ignorer,
Satisfait de figurer
   Au *lit*, à la *table*.

Amour, appétit, valeur
   Ont un coin semblable ;
Bon estomac d'un grand cœur
   Est inséparable ;
Pour théâtre à des exploits
Moins brillants, mais plus courtois,
Un héros choisit parfois
   Le *lit* et la *table*.

Sans profaner des Latins
   La langue admirable,
Imitons de leurs festins
   L'ordonnance aimable :
Ce peuple s'y connaissait,
Et savait ce qu'il faisait
Lorsqu'ensemble il unissait
   Le *lit* et la *table*.

POUR LA FÊTE DE Mlle CONTAT,

Le 25 août 1806

Air du *cantique de saint-Roch*.

Or, écoutez, honorable assistance;
Notre Louise est l'objet de mes chants :
Par-tout ailleurs j'ai besoin d'indulgence,
Car, si je dois en croire les méchants,
  Quand je la hausse
  J'ai la voix fausse;
  Les gens de bien
 N'en croiront jamais rien.

Pour commencer je devrais de Louise
Vous faire ici le portrait gracieux,
De son souris peindre la grace exquise
Et définir le charme de ses yeux;
  Mais la copie
  La plus jolie
  Figure mal
 Près de l'original.

Sur son esprit j'allais du moins m'étendre;
Mais mon voisin d'un mot vient m'arrêter:
Mon cher, dit-il, quand nous pouvons l'entendre
On pourrait bien ne pas vous écouter.

L'avis m'éclaire ;
Je dois me taire :
Sur son esprit
D'ailleurs on a tout dit.

Talents divers, admirés de l'envie,
Par des couplets doit-on vous célébrer ?
Depuis long-temps on a fait à Thalie
L'insigne honneur de la lui comparer :
    Au lieu d'éloges,
    Prenons des loges ;
    Allons le soir
L'applaudir et la voir.

Je sens fort bien que pour chanter Louise
J'aurais besoin de quelques traits nouveaux :
Fort à propos d'un détour je m'avise ;
Messieurs, je vais parler de ses défauts.
    Chacun d'avance
    De mon silence
    Se croit certain ;
Mais attendons la fin.

Sur un forfait dont mon cœur la soupçonne
Je veux ici devant vous l'attaquer :
De notre choix elle tient la couronne ;
Eh bien ! sachez qu'elle veut abdiquer [1] ;
    Projet funeste,
    Qui, je l'atteste,

---

[1] Mademoiselle Contat se disposait à quitter le théâtre

Doit pour jamais
Mettre en deuil les *Français*.

Ne souffrons pas sa coupable retraite,
Qui met en pleurs les Graces et les Ris :
Que dans ce jour Louise nous promette
De déférer au vœu de tout Paris :
Alors sa fête
Devient parfaite,
Et le plaisir
Est sûr d'un avenir.

MON CREDO.

Air : *Aussitôt que la lumière.*

Un auteur que je révère
Dit : *veritas in vino ;*
Or donc, je remplis mon verre,
Et j'entame mon *credo.*
Sur ce globe misérable
Dont on se plaint en tout lieu,
Quoique tout marche à la diable,
Je n'en crois pas moins en Dieu.

Je crois que nos moralistes
Prêchent d'exemple sur tout ;
Et je crois nos journalistes,
Des gens d'esprit et de goût.
Je crois que, sous leur hermine,
Les chanoines sont des saints.
Je crois que la médecine
Est utile.... aux médecins.

Je crois aux belles promesses
Que l'on fait à des absents ;
Je crois aux tendres caresses,
De messieurs les courtisans.
Je crois à nos femmes sages,
Qui n'ont jamais eu d'amants,

Et je crois aux pucelages
Des filles de vingt-cinq ans.

Je crois (tel autre l'atteste
En barrette de carmin)
Que le mérite modeste
En France fait son chemin.
Je crois que dans sa cabane
L'homme de bien vit en paix,
Et je crois que la chicane
N'habite plus au palais.

Je crois aux plaisirs des ames,
Où les sens n'entrent pour rien :
Je parierais que ces dames
N'en usent que par maintien.
Je crois même à leur constance,
Et je suis bien convaincu
Qu'en restant garçon en France
On ne serait point c....

ROMANCE.

Quand tu m'aimais, inconstante Sophie,
J'étais heureux, je chérissais le jour;
Tu m'as quitté, je déteste la vie :
Ah! mon bonheur n'était que mon amour!

Quand tu m'aimais, le dieu de l'harmonie
Pour te chanter m'inspirait chaque jour;
Tu m'as quitté, j'ai perdu mon génie:
Ah! mon talent n'était que mon amour!

Quand tu m'aimais, aux larmes accessible,
Du malheureux je cherchais le séjour;
Tu m'as quitté, mon cœur est moins sensible:
Ah! mes vertus n'étaient que mon amour!

LE DEY D'ALGER.

(1813.)

RONDE IMPROMPTU.

Air : *Va-t'en voir s'ils viennent.*

Pour le mieux tout va changer,
    J'en ai l'assurance;
Bientôt, grace au dey d'Alger,
    Fleurira la France.
    Va-t'en voir s'ils viennent,
    Jean, va-t'en voir s'ils viennent.

Il nous promet en ces lieux,
    Pour charmer nos ames,
Belles qui nous plairont mieux
    Que toutes ces dames.
    Va-t'en voir s'ils viennent,
    Jean, va-t'en voir s'ils viennent.

Il nous ramène des grands
    De la belle espèce,
Qui sur leurs faits éclatants
    Fondent leur noblesse.
    Va-t'en voir s'ils viennent,
    Jean, va-t'en voir s'ils viennent.

Des ministres favoris,
　Bravant la disgrace,
Qui pour sauver leur pays
　Quitteraient leur place.
　Va-t'en voir s'ils viennent,
　Jean, va-t'en voir s'ils viennent.

Des guerriers algériens,
　Fils de la victoire,
Plus braves que nos anciens,
　Plus chers à la gloire.
　Va-t'en voir s'ils viennent,
　Jean, va-t'en voir s'ils viennent.

Des princes reconnaissants,
　Des prudes sincères,
Et des femmes d'intendants
　Qui ne sont pas fières.
　Va-t'en voir s'ils viennent,
　Jean, va-t'en voir s'ils viennent.

Un philosophe du jour
　Qui croit à la Bible,
Une femme de la cour
　Modeste et sensible.
　Va-t'en voir s'ils viennent,
　Jean, va-t'en voir s'ils viennent.

Trois paires d'amants heureux,
　De nouveaux modèles,

Qui sont toujours amoureux
 Et toujours fidèles.
  Va-t'en voir s'ils viennent,
 Jean, va-t'en voir s'ils viennent.

Un institut de savants
 Extraordinaire,
Qui doit faire en cinquante ans
 Un dictionnaire.
  Va-t'en voir s'ils viennent,
 Jean, va-t'en voir s'ils viennent.

Une femme qu'en tout lieu
 Raison accompagne,
Qui peut se passer du jeu
 Même à la campagne.
  Va-t'en voir s'ils viennent
 Jean, va-t'en voir s'ils viennent.

Des fillettes de seize ans
 Que des fleurs contentent,
Qui pensent que les enfants
 Sous un chou se plantent.
  Va-t'en voir s'ils viennent,
 Jean, va-t'en voir s'ils viennent.

Un grand poëte étranger,
 Chansonnier unique,
Qui pourrait à Béranger
 Faire un jour la nique.

Va-t'en voir s'ils viennent,
Jean, va-t'en voir s'ils viennent.

Tous ces biens nous sont promis,
  C'est chose assurée,
Lorsque le dey dans Paris
  Fera son entrée.
    Va-t'en voir s'ils viennent,
  Jean, va-t'en voir s'ils viennent.

LA PLUS BELLE

EST CELLE QU'ON AIME.

Apollon et Mercure un jour,
Croyant posséder la plus belle,
Convinrent de prendre l'Amour
Pour juge de cette querelle.
On présente Aglaure et Daphné
Devant cet arbitre suprême.
L'Amour dit en montrant Psyché :
La plus belle est celle qu'on aime.

Du tendre bouton la fraîcheur
Est le trésor que l'un envie,
Et l'autre pour cueillir la fleur
Veut qu'elle soit épanouie;
L'un brigue de simples attraits,
L'autre un front ceint du diadème.
Sous le chaume, dans un palais,
La plus belle est celle qu'on aime.

La blonde plaît seule à Cléon;
Damis pour la brune décide.
La Lycoris d'Anacréon
Vaut bien la Corine d'Ovide.
Chacun peut citer ses auteurs:

Pour moi, j'en reviens à mon thème;
Ne disputons pas des couleurs,
La plus belle est celle qu'on aime.

Quand le rival de Ménélas
Eut à juger trois immortelles,
Bien que rivales en appas,
Il ne balança pas entre elles.
Le cœur et les yeux prévenus,
Il dicta cet arrêt suprême:
Je donne la pomme à Vénus.
La plus belle est celle qu'on aime.

Tibulle aimait cette langueur
Où sa Délie était plongée;
Horace préférait l'humeur
De la folâtre Lalagée.
Écoutez Pétrarque amoureux;
Laure, c'est Cypris elle même;
Adonis n'est pas plus heureux.
La plus belle est celle qu'on aime

Si j'ajoutais à la beauté
Graces, vertus, esprit, décence;
Des attraits de la volupté
Si j'embellissais l'innocence,
Reconnaissant à ce portrait
Celle dont il offre l'emblème,
Alors seulement on dirait:
La plus belle est celle qu'il aime.

A ADÈLE,

LE JOUR DE SA FÊTE,

15 decembre 1806

Air · *J'ai vu par-tout dans mes voyages.*

Messieurs, dans cette grande ville,
Où je ne fais que débarquer,
Trouver quelqu'un n'est pas facile ;
Ne pourriez-vous me l'indiquer ?
Sur celle pour qui je m'empresse
J'ai mes renseignements notés :
J'ignore son nom, son adresse ;
Mais je connais ses qualités.

Elle unit à ces dons aimables
Qu'entraîne en sa course le temps
Les charmes plus vrais, plus durables
Du caractère et des talents :
Le dieu des arts, qui la protége,
Anime sa tête et ses doigts ;
Elle a le double privilége
D'agir et penser à-la-fois.

On assure qu'on trouve en elle
Gaieté, raison et sentiment,
Que toujours sa bouche fidèle
De sa pensée est le garant.

Mais jusqu'en sa franchise extrême
La bonté de son cœur se peint;
Elle a toujours l'esprit qu'on aime,
Et jamais l'esprit que l'on craint.

On m'a dit qu'elle était la femme
D'un grand favori d'Apollon,
Qui tour-à-tour nous a peint l'ame
D'Abel, de Henri, de Néron.
A tout un sexe il fit hommage
Du mérite qu'on lui connaît;
Mais entre nous de cet ouvrage
Sa femme a fourni le sujet.

Amie agissante et sincère,
Elle prévient tous vos desirs;
Épouse, fille, sœur ou mère
Tous ses devoirs font ses plaisirs :
Mais de cette ame active et bonne
On n'est pas dupe, et l'on sait bien
Que de ce bonheur qu'elle donne
Elle a su composer le sien.

Aux faits que je récapitule
Mon esprit commence à voir clair;
Me connaissant un peu crédule,
On m'a fait un portrait en l'air :
Non, la ressemblance est fidèle;
On peut s'en convaincre en ces lieux;
Ce portrait est celui d'Adéle,
Et le modèle est sous vos yeux.

C'EST M. BERNARD DE VERSAILLES.

VAUDEVILLE [1].

Air : *Je croyais trouver en tous lieux.*

A des châtiments mérités
Quand les Juifs voulaient se soustraire,
De toutes leurs iniquités
Ils chargeaient le bouc émissaire;
La mode en vient dans ce pays,
Soit qu'on agisse ou qu'on rimaille;
Tout le mal qu'on fait à Paris,
C'est monsieur Bernard de Versaille.

Sans esprit, sans goût, sans pudeur,
Que d'une bonne tragédie
Des charniers quelque rimailleur
Fasse une plate parodie,
Au mépris bien moins qu'au bâton
Il oppose un homme de paille;
Et quand vous demandez son nom,
C'est monsieur Bernard de Versaille.

La jeune Iris, pleine d'appas,
Prend un époux octogénaire,

---

[1] En 1809, époque où parurent ces couplets, les journaux étaient remplis d'articles injurieux et de personnalités outrageantes, qui tous étaient signés du nom pseudonyme, BERNARD DE VERSAILLES.

Et d'un enfant qu'il n'attend pas
Le force à devenir le père.
Parlez, dit l'époux furieux;
Quel homme à ma vigne travaille?
Iris dit, en baissant les yeux,
C'est monsieur Bernard de Versaille.

Dans des journaux, chaque matin,
La haine, la rage, et l'envie
Vont répandant leur noir venin;
On ment, on blesse, on calomnie.
Contre un ennemi clandestin
S'il veut user de représailles,
L'homme outragé le cherche en vain,
C'est monsieur Bernard de Versailles.

Du nom de nos aïeux les Francs
Est dérivé le mot *franchise;*
Ne cherchons point d'autres garants,
Ne prenons pas d'autre devise.
Que chacun, signant ses écrits,
A découvert livre bataille,
Et qu'on abandonne au mépris
Ces messieurs Bernards de Versaille.

A LÉGOUVÉ,

Le 25 juin 1806,

Jour de la première représentation de la mort de Henri IV.

Air : *Je croyais pouvoir en tous lieux*

De Henri, célèbre à jamais,
Quand tu nous retraces l'image,
C'est au nom de tous les Français
Que je viens t'offrir mon hommage :
Chacun d'un laurier, comme moi,
Veut aujourd'hui parer ta tête,
Car tous les amis du bon roi
Sont les amis de son poëte.

Qu'importe que maître Frélon
Du fond de son bourbier croasse;
On peut braver le feuilleton
De ce d'Épernon du Parnasse :
Autour de lui si quelques sots
Forment une impuissante brigue,
Bien plus heureux que ton héros,
Tu ne dois pas craindre la ligue.

Air : *Le souvenir de notre amour.*

On a vu périr Henri quatre
Malgré ses défenseurs ardents :

Ce brave roi, ce diable à quatre
Tomba sous les coups des méchants;
Mais sur la scène il les défie;
Des Ravaillacs trompant l'effort,
Ils ont pu le tuer en vie,
Mais ils ne tueront pas *sa mort*.

L'EXIL,

ou

LA BELLE DES BELLES.

ROMANCE ANGLAISE.

Loin d'un monde rempli d'appas,
Tendre Nancy, tu veux me suivre,
Tu veux accompagner mes pas
Dans la retraite où je vais vivre;
Pourras-tu quitter sans regret
La ville et ses fêtes nouvelles,
Cette cour où l'on admirait
Nancy, la plus belle des belles.

Du soleil bravant les rayons,
Pourras-tu parcourir la plaine?
Pourras-tu des froids aquilons
Souffrir la rigoureuse haleine?
Sans gémir pourras-tu des bois
Entendre les échos fidèles
Redire aux accents de ma voix:
Nancy, la plus belle des belles.

Quand tu veux t'unir à mon sort,
Sais-tu quelle en est l'injustice?

Ton amour est-il assez fort
Pour ce pénible sacrifice?
Laisse-moi seul de la douleur
Subir les atteintes cruelles;
L'amour créa pour le bonheur
Nancy, la plus belle des belles.

Mais quand le lugubre beffroi
Sonnera mon heure dernière,
Accours, Nancy, viens près de moi,
Que ta main ferme ma paupière,
Qu'un souris tendre et caressant
Calme mes angoisses mortelles,
Et que j'expire en embrassant
Nancy, la plus belle des belles.

LE DÉSESPOIR.

ROMANCE.

Du poids de mon existence
Qui daignera m'affranchir,
Qui me rendra l'innocence
Qu'un traître a su me ravir?
De ma honteuse faiblesse
Qui me voilera l'horreur?
Hélas! un moment d'ivresse
M'a donc coûté le bonheur.

Sans pouvoir quitter la vie
C'est assez long-temps mourir;
Sous la tombe ensevelie,
Je vais cesser de souffrir.
Hélas! c'est trop peu d'un crime
Pour expier mon erreur;
C'est une double victime
Qu'exige de moi l'honneur.

Et toi, monstre sanguinaire
Dont le fruit germe en mon sein!
D'une parricide mère
Tu n'arrêtes pas la main!
Va, du moins ma mort expie
Le crime que je commets,

Et ce sacrifice impie
Devient un de tes forfaits.

Mais quelle voix lamentable
S'élève au fond de mon cœur?
Arrête, mère coupable!
Vois l'excès de ta fureur :
C'est toi qui lui donnas l'être;
Seras-tu mère et bourreau,
Et le sein qui l'a vu naître
Deviendra-t-il son tombeau?

Ah! non.... c'en est fait, j'abjure
L'honneur et ses droits affreux;
Tout entière à la nature,
Je rends mon cœur à ses vœux.
Des préjugés de la terre
Bravant l'éternel écueil,
Nom sacré, doux nom de mère,
Je te porte avec orgueil.

Tu vivras, objet funeste
D'horreur, d'amour et d'effroi;
A ce jour que je déteste
Je me condamne pour toi :
Puisse ton heureuse enfance
Rendre à mon cœur abattu,
Au défaut de l'innocence,
Le calme de la vertu.

LA MIEUX AIMÉE.

ROMANCE.

Air de Garat : *Je t'aime tant.*

Bien loin j'ai cherché le bonheur ;
Après une fatigue extrême
Je le trouve au fond de mon cœur ;
Aline m'a dit : *Je vous aime.*
Aimons-nous donc, mais pour toujours.
Ah! que n'est-il en ma puissance,
Pour éterniser nos amours ,
D'éterniser notre existence.

Tu ne pourras jamais savoir,
O la plus et la mieux aimée,
Quel ascendant et quel pouvoir
Tu prends sur mon ame charmée.
Dans la nature je ne vois,
Je ne trouve que ton image ;
Aline, pour parler de toi,
Tous les objets ont un langage.

Que de tourments et que d'ennui
Aux lieux où tu ne saurais être !
Je ne t'ai pas vue aujourd'hui,
Demain je te verrai peut-être.

C'est ainsi qu'en proie aux desirs
Qui me brûlent dans ton absence,
Mon cœur a recours aux plaisirs
Que lui prodigue l'espérance.

Quand je plonge un regard d'amour
Dans tes yeux, source de ma vie,
Aux dieux dans leur divin séjour
Ma félicité fait envie.
Peuvent-ils blâmer mon orgueil?
Je t'aime, je puis te le dire:
Le bonheur est dans ton coup d'œil,
Et le ciel est dans ton sourire.

ROMANCE

SUR LA MORT D'UN FILS.

(1794)

Air de l'enfant naturel de Bouflers : *O toi qui n'eus;* etc.

Grands dieux, écoutez ma prière!
Exaucez mes vœux paternels!
Rendez mon fils à la lumière,
Ou j'abjure vos vains autels....
  Plainte inutile!
  O mon Émile!
Du néant tu vas au tombeau,
  Et de ta vie
  La Parque impie
Tranche le fil dans ton berceau.

Que vois-je? une mère éplorée
Gémit sur son fils expirant;
Sur sa bouche décolorée
Elle exprime un lait impuissant :
  Mère trop tendre,
  Cesse de prendre
Des soins désormais superflus;
  De ta tendresse,
  De ta faiblesse,
La victime n'existe plus.

Mon fils, plus heureux que ton père,
Avant lui tu quittes le jour :
Tu n'as fait qu'un pas sur la terre ;
Qu'espérer d'un plus long séjour?
  A l'infortune
  La loi commune
Nous condamne dans sa rigueur ;
  Et sur la terre
  L'homme n'est guère
Que l'arbitre de son malheur.

Héritier d'un cœur trop sensible,
Que de maux t'épargne le sort,
En t'abrégeant ce cours pénible
Qui tôt ou tard mène à la mort.
  De l'injustice,
  De l'artifice
Tu ne craindras pas le réveil ;
  La sombre envie,
  La calomnie,
Ne troubleront pas ton sommeil.

Dans ta malheureuse patrie,
Que déchirent d'ingrats enfants,
Tu ne verras pas l'anarchie
Déployant ses drapeaux sanglants,
  Sur son passage
  Souffler la rage,
Alimenter les factions ;
  Et de ses crimes,

De ses victimes,
Épouvanter les nations.

De l'amour et de la nature
Espérais-tu quelques douceurs?
C'est au prix des maux que j'endure
Que l'on achète leurs faveurs.
  Que ton enfance
  De l'existence
Ne regrette pas le fardeau;
  Ton pauvre père
  Bientôt espère
Te rejoindre dans le tombeau.

A Mme R....... DE St J... D'A.....,

LE JOUR DE SAINTE FRANÇOISE.

L'hiver a fui, douce verdure
Va bientôt embellir nos champs,
Et cet espoir de la nature
Semble aussi ranimer mes chants.
Flore et sa première conquête
A Françoise appartient toujours;
Le ciel dut placer votre fête
Au premier signe des beaux jours.

Dans ce mois que le vieil Homère
A surnommé le bienfaisant,
L'amante du dieu de la guerre
Fit au monde un bien doux présent;
C'est en Mars, nous dit le poëte,
Que l'aveugle enfant vit le jour;
Le ciel dut placer votre fête
Dans le mois où naquit l'Amour.

A M.ᵐᵉ STÉPHANIE LE C...

Vous crierez à la calomnie ;
N'importe, vous le méritez ;
Pour votre fête, Stéphanie,
Je vous dirai vos vérités :
Ici chacun sans être habile
Peut vous louer à tout propos ;
Je prends la tâche difficile,
Je vais parler de vos défauts.

La nature avec complaisance
Sur vous épuisa ses bienfaits ;
Je ne nierai pas l'évidence,
Je conviens de tous vos attraits :
Mais que d'autres vantent vos charmes,
Je ne flatte pas les tyrans :
Je tremble quand je vois des armes
Entre les mains des conquérants.

Que dire d'une humeur mobile
Qui nous charme de cent façons ?
De cet esprit vif et facile
Qui prend à-la-fois tous les tons ?
Par une constance nouvelle
Qu'on doit blâmer en l'imitant,
Afin de vous rester fidèle,
Il faut changer à chaque instant.

En vous croyez-vous que je prise
Cette aimable simplicité?
Ce cœur si noble qui méprise
Les hochets de la vanité?
Pour ces biens où chacun aspire
Je puis expliquer vos froideurs :
Lorsque l'on possède un empire
On peut dédaigner les grandeurs.

L'AMOUR EN APPRENTISSAGE.

VAUDEVILLE.

Air : *Bien rarement on voit ensemble.*

De Vénus bravant les menaces,
L'Amour, enfin devenu grand,
S'avisait d'en conter aux Graces
En dépit des liens du sang :
Minerve conseille à sa mère,
Afin d'éviter un éclat,
De lui faire prendre un état,
Et de le bannir de Cythère.

Il tenait beaucoup de son père;
Comme lui brave et libertin,
On crut que dans le *militaire*
Il pourrait faire son chemin.
Dans son métier Mars veut l'instruire,
Tous deux marchent au champ d'honneur :
Mais par une contraire ardeur
L'un veut créer, l'autre détruire.

Du triste métier de la guerre;
Un des fléaux du genre humain,
L'Amour n'avait qu'un pas à faire,
Il est devenu *médecin;*

Mais pour certaines maladies
On l'aurait voulu moins savant;
A ses malades, bien souvent,
Au lieu d'une, il rendait deux vies.

L'Amour pour faire le négoce
S'associe avec le Desir,
Et follement prête à la grosse
Ses fonds au prodigue Plaisir.
Le débiteur dans sa déroute
Ne tarda pas à l'embarquer;
Quand le Plaisir vint à manquer,
Le pauvre Amour fit banqueroute.

Connu de tout temps pour faussaire,
Fripon et sur-tout chicaneur,
Il voulut se faire *notaire;*
Passe encore pour procureur :
Dans ses actes, contre l'usage,
Du mystère il faisait grand cas,
Aussi ne l'employait-on pas
Pour les contrats de mariage.

Las de la robe, il se déguise,
Compose son ton, son maintien :
Sous l'habit d'un homme d'église
Il va jouer l'homme de bien.
Sur frère Amour chacun se fonde
Pour gagner le ciel tristement :
Et le fait est que très gaiement
Saint Cupidon damnait son monde.

Il quitte le saint ministère,
De *moine* se fait *laboureur*:
Il vaut mieux féconder la terre
Que de la tromper sans pudeur.
Il réforma l'agriculture
En attachant dans ses travaux
A la récolte tous les maux,
Tous les plaisirs à la culture.

Lui qui n'a dans toute sa vie
Connu que l'heure du berger,
Prit un beau jour en fantaisie
De s'établir maître *horloger*;
Le temps quand l'Amour le suppute
N'a plus de règles, plus de lois;
D'une minute il fait un mois,
D'un mois refait une minute.

Bientôt après il eut envie
D'exercer un double métier,
D'être par la même industrie
Et *cordonnier* et *chapelier*;
De son procédé la bonne ame
Sut tirer un si bon parti,
Qu'il coiffait toujours le mari
Chaque fois qu'il chaussait la femme.

Dans l'espoir de forger des chaînes
A notre pauvre genre humain,
Il exerça quelques semaines
La profession de Vulcain:

Des serrures qu'Hymen achète
Il vendait les clefs aux époux,
Et glissait les passe-partout
Gratis aux amants en cachette.

Entraîné par ses goûts volages,
Notre jeune et charmant vaurien
Commença vingt apprentissages,
Et ne put se fixer à rien :
Ma foi, Minerve aura beau faire,
En lui-même dit-il un jour,
Je reprends mon métier d'amour,
Et vais l'exercer à Cythère.

Il part et revient chez sa mère;
Il est sans état, sans métier;
Vénus lui demande en colère,
A quoi peut-on vous employer?
Maman, dit-il, tu m'embarrasses....
Mes sœurs, répondez sans détour....
Et la réponse de l'Amour
Se lisait sur le front des Graces.

CONSEILS

A SOPHIE.

(1781.)

Crois-moi, jeune Sophie,
Profitons des beaux jours;
L'aurore de la vie
Appartient aux amours.
Laissons à la vieillesse
Le pénible attribut
De blâmer la jeunesse
D'être ce qu'elle fut.

Lorsqu'à tes bras timides
J'entrelace mes bras,
Que mes baisers rapides
Effleurent tes appas,
Sur ton cœur qui palpite
Quand tu presses mon cœur,
Le sage le médite,
Moi je sens le bonheur.

Si l'amour est un songe
Prolongeons le sommeil;

Jouissons du mensonge
Sans penser au réveil :
Et puisqu'avec le rêve
S'enfuit notre bonheur,
Avant qu'il ne s'achève
Mourons dans notre erreur.

RELACHE.

VAUDEVILLE.

Air : *Jardinier, ne vois-tu pas.*

Un mari promet tout haut
  De bien remplir sa tâche ;
Sa femme le prend au mot,
Mais il demande bientôt
    Relâche.

Contre les écrits bien plats
  Certain censeur se fâche ;
A sa plume en pareil cas
Pourquoi ne donne-t-il pas
    Relâche.

De la guerre sans retour
  Veut-on finir la tâche,
Que notre flotte à son tour
Dans la Tamise un beau jour
    Relâche.

Pour vous plaire en cent façons
  Nous ferons notre tâche ;
Venez donc quand nous jouons
Et même quand nous donnons
    Relâche.

LA MÉGALANTHROPOGÉNÉSIE.

DIALOGUE

ENTRE M. ET Mme GERVAIS.

MADAME GERVAIS.
Qui frappe à cette heure à ma porte?
MONSIEUR GERVAIS.
C'est moi, madame....
MADAME GERVAIS.
Allons, j'y vais....
Mon Dieu, quelle ardeur vous transporte!
Y pensez-vous, monsieur Gervais?
MONSIEUR GERVAIS, *montrant à madame Gervais un*
volume qu'il tient en main.
Le feu qui près de vous s'allume
Luira dans la postérité :
Nous pouvons avec ce volume
Faire un grand homme à volonté.

MADAME GERVAIS.
Allons, mon cher, je me dévoue;
Savez-vous bien votre leçon :
Je voudrais voir, je vous l'avoue,
Un savant de votre façon.
MONSIEUR GERVAIS.
Parmi ces esprits qu'on renomme

Chacun a ses talents divers :
Convenons d'abord du grand homme
Qu'il faut donner à l'univers.

Faisons un esprit de lumière,
Un astronome audacieux....
   MADAME GERVAIS.
Qui, perché sur une gouttière,
Se croie un habitant des cieux.
   MONSIEUR GERVAIS.
Justement ; voici notre affaire.
Naissez, illustre rejeton....
   MADAME GERVAIS.
Non, non ; vous auriez peine à faire
Mieux que La Grange ou que Newton.

   MONSIEUR GERVAIS.
A Galien j'ai bien envie
Que nous donnions un successeur.
   MADAME GERVAIS.
Je craindrais de perdre la vie
En mettant au jour le docteur.
   MONSIEUR GERVAIS.
Un philosophe a son mérite.
   MADAME GERVAIS.
Y pensez-vous, monsieur Gervais !
   MONSIEUR GERVAIS.
Eh bien, faisons donc un jésuite....
   MADAME GERVAIS.
Fi donc ! monsieur, fi donc.... jamais.

MONSIEUR GERVAIS.

Un héros !

MADAME GERVAIS.

Qu'en voulez-vous faire ?

MONSIEUR GERVAIS.

Un émule de Cicéron ?
Un poëte comme Voltaire ?

MADAME GERVAIS.

J'irais accoucher en prison.
Guerre et malheur à l'homme habile
Dans ce siécle ignare et falot !
Pour qu'il soit heureux et tranquille,
Décidément faisons un sot.

CHANSONNETTE.

J'étais si jeune encore
Quand Lisis me dit qu'il m'aimait.
On ne craint pas ce qu'on ignore;
Pour entendre ce qu'il disait
  J'étais bien jeune encore.

A mes pieds il implore
De l'amour le plus doux bienfait :
Je promets un bien que j'ignore,
Pour savoir ce qu'il desirait
  J'étais bien jeune encore.

Le feu qui le dévore
Dans mon cœur enfin s'allumait.
Il ose tout ce que j'ignore;
Pour savoir ce qu'il me faisait
  J'étais si jeune encore.

COUPLETS IMPROMPTU

A L'OCCASION DE MA SORTIE DE PRISON,

Et chantés à la suite d'un banquet que nous donnèrent quelques amis,

Le 23 mai 1803

Des jours de ma captivité
J'ai compté la trentième aurore :
Vieux amant de la liberté,
Je recouvre un bien que j'adore ;
Mais pour en jouir avec vous,
S'il faut, abjurant vos lumières,
Louer les méchants et les fous,
Ah ! qu'on me ramène aux carrières.

S'il faut de la patrie en pleurs
Repousser la plainte héroïque ;
S'il faut à ses vrais défenseurs
Ravir leur couronne civique ;
Si du parti de l'étranger
Il faut arborer les bannières ;
S'il faut craindre un noble danger,
Ah ! qu'on me ramène aux carrières.

Si, pour honorer les cachots,
Thémis, transformée en furie,
Entassait dans ses noirs caveaux

Talents, vertus, gloire, génie;
Si l'erreur ou la trahison
Des lois renversaient les barrières;
Si Kœhlin allait en prison,
Ah! qu'on me ramène aux carrières.

LE TOMBEAU DE MYRTHÉ.

ROMANCE PASTORALE.

Au bord de ce ruisseau, dans la plaine fleurie
Qu'il baigne de son onde et caresse en fuyant,
   Je viens, pleurant une amante chérie,
   De tristes fleurs couvrir son monument,
Exempts des maux cruels dont mon ame est remplie,
Paissez, mes chers moutons, paissez tranquillement.

Myrthé, sous ce rosier, ton ombre en paix repose;
Il fleurit arrosé des pleurs de ton amant :
   Ton souffle encore en parfume la rose,
   Et ce ruisseau le quitte en gémissant.
Exempts des maux cruels où l'amour nous expose,
Paissez, heureux moutons, etc.

C'est ici qu'à Myrthé je peignis ma tendresse;
C'est ici d'être à moi qu'elle fit le serment,
   Ici l'amour a rempli sa promesse;
   Ici la mort finit l'enchantement :
Exempts de souvenirs, de peine, de tristesse,
Paissez, heureux moutons, paissez tranquillement.

COUPLETS

A MADEMOISELLE CONTAT,

Après lui avoir vu jouer les rôles de la Mère Coupable, — la Femme Jalouse, — madame Évrard dans le Vieux Célibataire, — et Roxelane, où elle fut couronnée par les acteurs.

Pour la coquette *Roxelane*
Qu'un sultan foule aux pieds les lois,
C'est un fait que chacun condamne
Et dont on doute quelquefois ;
Mais qu'une actrice inimitable
Retrace cet événement,
Le fait alors paraît croyable,
Et l'on approuve Soliman.

En voyant la *Mère Coupable*,
(Funeste effet de la douleur !)
Chacun de sa faute excusable
Voudrait, hélas ! être l'auteur :
C'est un défaut que tant de charmes,
Répond un critique envieux ;
Peut-on après vingt ans de larmes
Avoir encor d'aussi beaux yeux ?

C'est peu d'une infidèle épouse
De bien peindre l'égarement ;

Contat d'une *femme jalouse*
Retrace encor mieux le tourment.
Exempte d'une frénésie
Qui suppose au moins un objet,
Par quel art de la jalousie
A-t-elle surpris le secret?

Nous avons vu par quelle adresse,
Enlaçant le cœur d'un barbon,
La servante devient maîtresse
Et du maître et de la maison.
Certain neveu, dans sa colère,
La fait chasser par le vieillard :
Un plus jeune célibataire
Aurait gardé madame Évrard.

Le don flatteur d'une couronne
Est souvent accordé sans droit;
Quelquefois la brigue la donne,
C'est au mérite qu'on la doit.
A cette faveur infinie
Vous prêtez un nouvel éclat;
Le diadème de Thalie
S'embellit au front de Contat.

ZÉLIA

AU BORD DE LA MER.

ROMANCE.

Je te salue, ô rive de Neptune!
    Où Zélia vient en ce jour
Redemander à l'aveugle fortune
    L'objet du plus ardent amour.
    Rocher, dont j'occupe le faîte,
    Hâte l'instant de mon bonheur,
Et sur les flots émus que domine ta tête
Que mes yeux puissent voir aussi loin que mon cœur.

    Mais dans mon sein quelle terreur subite
    Remplace un espoir enchanteur?
    Le ciel pâlit, la mer gronde et s'irrite
    Sous l'effort des vents en fureur.
    O toi que menace l'orage,
    Zélia partage ton sort:
Aujourd'hui par l'amour unis sur ce rivage,
Ou demain sous les flots réunis dans la mort.

    Ah, je renais: sur la plaine liquide
    J'aperçois le vaisseau chéri;
    Contre les coups de l'élément perfide

Dans le port il trouve un abri.
J'ai reconnu dans la nacelle
L'objet de mes tendres ardeurs :
Il me cherche à son tour, il me voit, il m'appelle....
Il approche, je tremble, il m'embrasse.... je meurs.

SCÈNES LYRIQUES.

SCÈNES LYRIQUES.

AGAR DANS LE DÉSERT.

(*Agar, égarée avec son fils* ISMAEL *au milieu d'un désert, s'est arrêtée près d'une roche aride, au pied de laquelle* ISMAEL *est endormi.*)

AGAR.

Solitude immense et profonde!....
Par-tout le silence et l'effroi!....
Plus d'espoir.... je suis seule au monde :
Que dis-je! hélas! mon fils est avec moi.
Mon fils! ô douleur accablante!....
Le sommeil un moment a suspendu ses maux;
Mais bientôt une soif brûlante,
Et des vents du désert l'haleine dévorante
Vont l'arracher à ce fatal repos.
(*Elle s'approche de lui, et le regarde avec attendrissement.*)
Que ses traits sont changés! qu'il respire avec peine!
Couché sur une ardente arêne
Qu'embrasent les feux du midi,
Vainement de mon corps je lui prête l'abri.

AIR

Seul témoin des maux que j'endure,
Dieu de clémence et de bonté,
Mon cœur supporte sans murmure
Le malheur que j'ai mérité :

Punis ma coupable imprudence;
Sous la main de ta providence
Je courbe un front religieux;
Mais de mon fils soutiens l'enfance,
Et que les jours de l'innocence
Trouvent grace devant tes yeux.

ISMAEL, *se réveillant.*

Ma mère!

AGAR.

Il s'éveille!

ISMAEL.

J'expire
Si tu n'éteins le feu qui brûle dans mon flanc;
Une goutte d'eau peut suffire.

AGAR.

Je la paierais de tout mon sang.
Hélas! mon cher enfant, de cette terre aride
J'ai, durant ton sommeil, sondé la profondeur;
En vain mon œil avide
D'une plante, d'un fruit, ou d'une feuille humide,
Chercha sur ce rocher le secours bienfaiteur.

DUO.

Cher Ismaël, le ciel nous abandonne.

ISMAEL.

Je l'avais tant prié pour toi.

AGAR.

Tu pâlis!.... la mort t'environne?....

ISMAEL.

Ma mère, approchez-vous de moi:
Donnez-moi votre main, que je la baise encore

AGAR.

Dieu! la tienne est glacée! ô mon fils, mon cher fils!.....

ISMAEL.

Je me meurs! ô vous que j'adore,
Bénissez Ismaël, et ses vœux sont remplis.

ENSEMBLE.

Hélas! sur ma faible paupière	Déja sur ta faible paupière
S'étend le voile du trépas;	S'étend le voile du trépas;
Heureux, à mon heure dernière,	Témoin de ton heure dernière,
D'entrevoir, d'embrasser ma mère,	Du moins ta malheureuse mère,
Et de mourir entre ses bras.	Mon fils, ne te survivra pas.

AGAR.

AIR.

Il succombe! moment terrible!....
Ismaël?.... Il ne m'entend plus!....
Pour ranimer ce cœur désormais insensible,
Mes baisers, mes soupirs, mes pleurs sont superflus.
  Jouis de ton ouvrage,
  Implacable Sara!
Va, les maux qui sont mon partage,
Ton cœur un jour les connaîtra.
La douleur a brisé mon ame;
Dieu clément, prends pitié de mes tourments affreux,
 Et dans la mort qu'elle réclame
 Rejoins Agar à son fils malheureux.*

   (*Elle tombe auprès d'Ismaël.*)
(*Une symphonie douce annonce l'apparition de l'ange.*)

L'ANGE.

Agar!

AGAR.

Quelle voix m'appelle?

L'ANGE.

Levez-vous, essuyez vos pleurs;
De Dieu la bonté paternelle
En ce jour finit vos malheurs.

AGAR.

Il me rend donc mon fils?

L'ANGE, *frappant le rocher de sa palme, en fait sortir une source.*

Sur sa lèvre altérée
Faites couler cette eau qui jaillit à ma voix.

AGAR.

Il se ranime!.... O clémence adorée!....

ISMAEL.

Je renais.

AGAR.

Ismaël! mon fils, je te revois!

ISMAEL.

Je retrouve ma mère!.... O divine assistance!....

AGAR.

Elle te presse sur son cœur!....
Ministre saint d'un Dieu consolateur,
De quel prix acquitter les biens qu'il nous dispense?....

L'ANGE, *en prenant son vol vers le ciel.*

Louez, adorez le Seigneur;
Il punit avec indulgence,
Et sans mesure il récompense:
Dans la joie ou dans la douleur,
Toujours soumis à sa puissance,
Louez, adorez le Seigneur.

ENSEMBLE.

Louez, adorez } le Seigneur;
Louons, adorons }

Il punit avec indulgence,
Et sans mesure il récompense :
Dans la joie ou dans la douleur,
Toujours soumis à sa puissance,
Louez, adorez ⎫
⎬ le Seigneur.
Louons, adorons ⎭

LES DERNIERS MOMENTS DU TASSE.

CANTATE.

Réveille-toi, mon ame; encor cette victoire:
Oppose à la douleur un généreux effort;
Et que pour un moment les rayons de la gloire
    Percent les ombres de la mort.
Quels chants frappent les airs! quel éclat m'environne!
De la pompe des rois mes yeux sont éblouis:
    Pour qui ce char, cette couronne?
A qui destinez-vous ces honneurs inouis?
    Eh quoi! d'une palme immortelle
    J'obtiens en ce jour le renom!
      Un peuple entier m'appelle
      Et la ville éternelle
Prépare mon triomphe et consacre mon nom!

CAVATINE.

    O toi! ma lumière, ma vie;
    Toi, l'arbitre de mon destin,
    Qui de l'amour et du génie
    Alluma la flamme en mon sein;
    Auguste et tendre Éléonore,
    Souris à ce glorieux jour.
    Le triomphe dont on m'honore
    Me rend digne de ton amour.
Modèle de malheur, jouet du sort perfide,
Celui dont les travaux ont charmé l'univers,

Le chantre de Renaud, d'Armide,
A vécu dans les pleurs, et langui dans les fers.
 Des maux qui furent votre ouvrage
 Vous voulez expier l'outrage;
 Hâtez-vous, injustes mortels;
 L'oubli, l'opprobre, la misère,
 Ont marqué mes pas sur la terre;
 Je meurs, et j'obtiens des autels.

AIR

Qu'aux derniers accords de ma lyre
Réponde la postérité !
Pour moi, le moment où j'expire
Commence l'immortalité.
Sans regrets, du temps qui s'envole,
Je vois disparaître le cours ;
Il est beau de finir ses jours
Sur les degrés du Capitole.

CHŒUR DE PEUPLE.

Chantez, Muses! pleurez, Amours!
Le Tasse est tombé sur sa lyre.
L'amant d'Éléonore expire;
Le poëte vivra toujours.

HÉRO ATTENDANT LÉANDRE.

MONOLOGUE LYRIQUE.

RÉCITATIF.

Du soleil qui s'éteint la lumière obscurcie
Abandonne à la nuit le vaste champ des cieux ;
Encor quelques instants, et Léandre en ces lieux
Viendra combler l'espoir dont mon ame est remplie.
    Quel trouble s'empare de moi !....
    Une secrète horreur me glace.
    Mon œil avec effroi
Interroge des mers la mobile surface.
    Neptune a soulevé les flots....
    La foudre au loin se fait entendre.
Non.... Tout est calme, et la terre et les eaux ;
    Moi seule, hélas! aux charmes du repos
    Je ne dois plus prétendre.

AIR.

    Quand l'aquilon, dans sa fureur,
    Se déchaîne sur les campagnes,
    Le noir sapin, au sommet des montagnes,
    Est moins agité que mon cœur ;
    Je veux, je crains, j'espère,
    Je tremble tour-à-tour.
    A mes vœux sans cesse contraire,
    Je ne sens bien que mon amour.

Quand l'aquilon, dans sa fureur,
Se déchaîne sur les campagnes,
Le noir sapin, au sommet des montagnes,
Est moins agité que mon cœur.

RÉCITATIF.

Mais écoutez.... c'est lui !
Moment d'ivresse et de délire !
Mon cœur, mon faible cœur
A ses transports ne peut suffire.

AIR.

Fuyez, triste pressentiment ;
Disparaissez, sombre présage :
J'entends la voix de mon amant ;
Du sein de l'humide élément
Il s'élève sur le rivage.
Dieux bienfaisants, dieu des amours !
Comblez l'attente où je me livre ;
Une heure encor laissez-moi vivre,
Et disposez après du reste de mes jours.

MARIE STUART.

MONOLOGUE LYRIQUE.

(On suppose que la scène se passe dans la prison de Teukbury, pendant la nuit qui précéda le jour ou l'infortunée reine d'Écosse périt sur l'échafaud.)

  Quelle nuit !.... quel songe pénible !....
  J'achève un douloureux sommeil !
Hélas! la vérité, plus triste, plus terrible,
   M'attendait au réveil !
  Dans les fers je m'agite encore :
Mais le trépas bientôt les brise sans retour.
   Le premier rayon de l'aurore
   Doit éclairer mon dernier jour.

   Dans la profondeur des nuages
   J'entends la foudre retentir ;
   Le ciel, par la voix des orages,
   De mon destin vient m'avertir.
   Autour de ma retraite obscure,
   Les vents avec un long murmure
Ont répété ces mots.... Marie, il faut mourir !....
   Après tant de souffrance,
Un supplice cruel, voilà mon espérance !
   Recevez mes tristes adieux,
   Voûtes sombres, séjour d'alarmes,
    Muets témoins des larmes
    Qui coulent de mes yeux.

Adieu, si doux pays de France [1],
Berceau de mon heureuse enfance,
D'où le sort voulut me bannir :
    O ma patrie
    La plus chérie,
    Donne à Marie
    Un souvenir.

Et toi, de mes tourments artisan détestable,
Perfide Élisabeth, tu jouis de mes pleurs !
    Dix-huit ans de malheurs
    De ta vengeance infatigable
    N'ont pu désarmer les fureurs !
    Viens assister à mon supplice ;
    Que mon trépas comble tes vœux ;
    Et par le plus lâche artifice,
    Que ta haine encor me noircisse
        Chez nos derniers neveux.

Tu ne saurais tromper la justice éternelle,
Indulgente à l'erreur et terrible aux forfaits ;
    Tu lui rendras compte, cruelle,
    Des maux affreux que tu m'as faits.
    Que vois-je !.... une clarté fatale
    A pénétré dans cette tour !....
    Et déja l'aube matinale
    Au monde raméne le jour.

    J'écoute.... on approche.... on m'appelle !....

[1] Les vers italiques sont de Marie Stuart elle-même

C'est la mort qui s'offre à mes yeux !
Un dieu met dans mon sein une force nouvelle ;
Mon ame s'affranchit de sa chaîne mortelle,
Et, brillante d'espoir, s'élève vers les cieux [1].

[1] Ces quatre scènes lyriques ont été composées pour être mises en musique par les jeunes elèves, et pour les concours académiques.

CHANSON DE MORT

D'UN SAUVAGE IROQUOIS.

<small>Traduit du langage de cette peuplade.</small>

<small>Air de *l'hymne des Marseillais*.</small>

L'aurore entr'ouvre sa carrière ;
La lune pâlit et s'enfuit ;
L'astre brillant de la lumière
De son trône a chassé la nuit.
Mon œil cherche en vain les étoiles ;
Mais la gloire oppose au soleil
En tout temps un éclat pareil,
Et de la nuit perce les voiles.
Bourreaux, armez vos bras, je vous vois sans frémir ;
Frappez :..... du fils d'Almock apprenez à mourir.

Songez à ces flèches mortelles
Que ma main lança contre vous :
Songez aux blessures cruelles
Des vôtres tombés sous mes coups :
Mais quoi, honteux de ma victoire
Vous suspendez votre fureur !
Craindriez-vous que la douleur
Coûtât un soupir à ma gloire ?

Bourreaux, approchez tous, etc.

Oubliez-vous ces chevelures,
Dépouilles de vos fils mourants;
Et dans ma hutte, pour parures,
Leurs armes, leurs crânes sanglants?
Mais enfin la flamme s'élève,
Le fer accroît encor mes maux :
Craignez qu'à des tourments nouveaux
Le trépas bientôt ne m'enlève.

Eh bien! lâches enfants! m'entendez-vous gémir?
Frappez, du fils d'Almock apprenez à mourir.

Je vois dans la mort une amie
Qui termine des maux affreux :
C'en est fait, je quitte la vie;
Je vais rejoindre mes aïeux.
Mon père, ton ombre charmée
Contemple du séjour des morts
D'un fils les courageux efforts;
Tu jouis de ma renommée!...

Le jour fuit de mes yeux, je cesse de souffrir;
Almock! digne de toi, ton fils a su mourir.

POÉSIES DIVERSES.

POÉSIES DIVERSES.

MES VOYAGES.

ÉPITRE EN VERS LIBRES.

(1791.)

Je te revois, ô ma chère patrie!
Après six ans me voilà de retour!
Ambition, séduisante folie,
Tu m'as trompé comme avait fait l'amour.
J'ai parcouru deux fois ce globe immense;
J'ai visité ses habitants divers;
Mais qu'ai-je appris dans cette longue absence,
Et que voit-on au bout de l'univers?
Des préjugés, des crimes, des travers;
J'en vois autant sans sortir de la France.
Je vous retrouve enfin, mes bons amis;
Tranquille au port je contemple l'orage.
A vingt-deux ans il est temps d'être sage;
Je le serai, c'est un parti bien pris :
En attendant je veux pourtant vous faire
De mon voyage une esquisse légère.

Lorsqu'un démon fatal à mon bonheur,
Un vain fantôme, une attrayante ivresse,
La gloire enfin, perfide enchanteresse,
D'un fol espoir leurant mon faible cœur,
Vint m'arracher des bras de ma maîtresse,
Pour me traîner sur les pas de l'honneur.

J'abandonnai la retraite chérie
Où près de vous, sous les yeux de l'amour,
Si doucement je commençais ma vie,
Pour débuter au périlleux séjour
Qu'habite Mars quand il se réfugie
Près de Thétis, pour y tenir sa cour.

A quinze ans me voilà poursuivant ma chimère
    Comme défunt Bellérophon,
   Sous l'habit du dieu de la guerre
  Courant après la réputation.
Il faut partir, la gloire le commande
Et m'appelait aux bords américains ;
Or, mes amis, admirez les destins !
Pour la chercher on m'envoie en Hollande.
Je la demande, on ne la connaît pas ;
J'apprends que de ces lieux par Plutus exilée,
   Et de Suffren suivant les pas,
Au rivage indien elle s'est envolée.

    Bientôt de nos jeunes guerriers
    Une cohorte auxiliaire [1]
    Va franchir l'humide barrière,
Et sous un autre ciel chercher d'autres lauriers.
   Dans cette troupe téméraire
   Sans balancer je prends parti :
   Au gré de notre impatience
   Loin du port le vaisseau s'élance,
   Enfin je pars.... Je suis parti.

[1] La légion de Luxembourg

Éole cependant, de son aile rapide
    Agitant les plaines des airs,
Nous entraîne en son vol sur la plaine liquide,
    Et loin des colonnes d'Alcide
    Nous porte au sein des vastes mers.

Déja nous découvrons ces îles fortunées,
De pampres et de fleurs en tout temps couronnées;
Lieux charmants où triomphe un éternel printemps,
Où tout plaît à mes yeux hormis les habitants.

Nous voguons, et bientôt échappe à notre vue
    De *Ténérif* le mont audacieux,
Cet orgueilleux Titan dont la tête chenue
Pour dominer les mers s'élance dans la nue,
Et semble réunir la terre avec les cieux.

    Zéphire a fui; du haut de sa carrière
    Phœbus nous voit sous un autre hémisphère
        De ses rayons braver l'ardeur;
        Il amoncelle les nuages,
        De leurs flancs sortent les orages,
        La foudre éclate avec fureur;
        Mais en dépit de son tapage,
        Des flots, des vents, et de leur rage,
        Nous avons passé l'équateur.

    Parcourant la vaste étendue
    D'une mer long-temps inconnue,
Nous quittons du soleil l'empire limité;
    Et, grace à la faveur d'Éole,

Grace sur-tout à la boussole,
Nous atteignons ce cap jadis si redouté,
Dont Gama découvrit le dangereux passage
Et que le Camoens dans ses vers a chanté.

Deux peuples différents habitent ce rivage :
L'un a des lois, des chefs, des habits, des vaisseaux;
L'autre, dans les forêts errant à l'aventure,
Sans maîtres et sans lois, ne suit que la nature,
Et ne connaît de soins que ceux de ses troupeaux.

Quel contraste étrange et bizarre!
Ici le Hollandais avare,
Riche en ducats, pauvre en vertus,
Dans ses desirs insatiable,
Dans ses travaux infatigable,
Assiège jour et nuit le temple de Plutus.
Là, dans une heureuse indolence,
Je vois le sale Hottentot
Préférant son indépendance
Au luxe, à la magnificence,
Et riche du peu qu'il lui faut,
Plus content sur son chariot
Que l'avide Batave au sein de l'opulence.

J'avais lu dans un grave auteur
Que dans ce pays la nature
Avait fait don à la pudeur
D'une assez gênante ceinture.
Observateur judicieux,
Je veux pénéter cette affaire,
Scruter d'un regard curieux

Ce sombre et féminin mystère;
Mais quand j'ai le fait sous les yeux,
Je n'y vois rien que d'ordinaire.
Point de voile envieux, point d'obstacle au bonheur,
Mêmes traits et même enveloppe
En Afrique ainsi qu'en Europe;
La nature uniforme est par-tout sans pudeur.

Enfin de la brûlante Afrique
Nous quittons les bords dangereux,
Et sur l'océan pacifique,
Par-delà le brûlant tropique,
Nous cherchons un ciel plus heureux.

Du sein des mers qui baignent du brachmane
Le rivage antique et lointain,
Je vois sortir la verte taprobane,
Où dom Calmet, rêveur bénédictin,
Met le berceau du triste genre humain.
Sans entamer une docte querelle,
Et sans chercher s'il est bien vrai qu'Adam,
Son paradis, sa gourmande femelle,
Furent placés dans l'île de Ceylan,
Les Hollandais en tirent la cannelle,
Et moi, ravi d'un spectacle si beau,
Je quitte l'*aimable Isabelle*[1],
Et je prends terre à Colombo.

Mais quel appareil formidable
D'armes, de vaisseaux, de soldats?

[1] Nom du vaisseau sur lequel j'étais embarqué

Quelle fureur inconcevable
Ensanglante ces beaux climats?
De la Tamise et de la Seine
Le démon de la guerre amène
Les implacables habitants;
A sa voix soumis et docile,
Par-tout l'Indien imbécile
Sert la cause de ses tyrans;
Anglais, Français, Maure, Marate,
Des rives du Gange à Surate,
On s'égorge pendant quatre ans
Pour des mouchoirs de palliacate :
Et puis vient enfin le grand jour
Où, dans les plaines de Gondlour,
Malgré d'Ophlise [1], Austrasie et la gloire,
L'Anglais remporte la victoire;
Et, bornant son ambition,
Fier d'un triomphe qui l'effraie,
Rentre aux murs où La Bourdonnaie,
Vainqueur des enfants d'Albion,
Sut, immortalisant son nom,
Faire triompher sa patrie
Sans désarmer la jalousie
Qui le fit mourir en prison.

Nous arrivons pleins d'espérance:
Rassemblés au cap Comorin,
Déja nous rêvions la vengeance,
Quand la Paix, l'olive à la main,

---

[1] Le comte d'Ophlise, colonel du régiment d'Austrasie, qui se couvrit de gloire à la bataille de Gondlour.

Reparut sur ce bord lointain.
Après une aventure étrange
(Je veux vous la conter un jour),
Me voilà changeant de séjour.
Sans savoir si cela m'arrange,
Loin de Ceylan, un beau matin,
On m'expédie en palanquin
Pour aller servir sur le Gange.

C'est là que j'ai vu, mes amis,
Ces bûchers qu'on ne peut éteindre,
Bûchers que l'on ne doit pas craindre
De voir s'allumer à Paris,
Où l'on sait fort bien que nos dames
Ne se jettent pas dans les flammes
Pour courir après leurs maris.

Ah! si de ces belles contrées
Par tant de siècles consacrées
J'ose vous tracer le tableau,
Il faut que du même pinceau
Avec effroi je vous décrive
Les forfaits dont l'Européen
Du Gange épouvanta la rive;
Les atrocités d'un lord Clive,
Les brigandages d'un Hasting;
Dans ces champs qu'une main divine
De ses dons richement dota,
Que je vous montre la famine
Que la politique enfanta,
S'applaudissant à Calcutta

D'un peuple entier qu'elle extermine;
Tandis que l'Anglais examine
De combien ce fléau pourra
Faire baisser la mousseline.
Mais, sans rimer la prose de Raynal,
C'est assez d'indiquer cet horrible contraste.
Je détourne les yeux d'un monde qu'on dévaste,
Et je m'éloigne du Bengal.

Il est temps de rentrer en France,
Dans mes foyers, et dans mon cœur;
J'ai fait la dure expérience
Que sur les pas de l'inconstance
En vain on cherche le bonheur.
A mes dépens devenu sage,
Et sûr qu'on n'est bien que chez soi,
Je ne ferai plus qu'un voyage,
Encor sera-ce malgré moi.

FRAGMENT D'UNE ÉPITRE

A SOPHIE.

1793.

Du fond de la retraite obscure
Où j'ensevelis ma douleur,
Où je puis braver la fureur,
La trahison, et l'imposture;
Où, seul avec mes souvenirs,

Mon amour et mon innocence,
Je sacrifie à l'espérance,
Toujours prodigue de plaisirs;
O ma chère et tendre Sophie!
Objet du plus ardent amour,
Du sein de cet affreux séjour
C'est toi qui me rends à la vie.
Aigri, froissé par la douleur,
En proie aux coups de l'injustice,
Suspendu sur un précipice
Dont je crains moins la profondeur
Que je n'abhorre l'artifice
Qui sut le creuser sous mes pas,
J'arrête sur toi ma pensée;
Et soudain mon ame, lassée
Par de tumultueux combats,
Renaît, échappe à la tristesse,
Et dans une paisible ivresse
Se repose sur tes appas.
Tel est le charme inexprimable
Dont m'entoure ton souvenir,
Qu'au sein du présent qui m'accable,
Du passé qui me fait frémir,
D'un bonheur pur, inaltérable
Je compose mon avenir.
Adorateur de ma patrie,
De ses droits ardent défenseur,
J'ai dès long-temps brigué l'honneur
De lui sacrifier ma vie :
Mais l'envie, hélas! est par-tout,
Aux champs de Mars, à la tribune;

De la gloire qui l'importune
Son souffle à la fin vient à bout
De souiller la brillante image :
A mes ennemis, à leur rage
Je puis opposer ton suffrage ;
Je suis aimé, je sais mourir.
Tel est désormais mon partage;
Je suis digne de le remplir.
Oui, ma jeune et sensible amie,
Je saurai porter mes revers ;
Et sans occuper l'univers
De ma fugitive existence,
Fort de ma cause et de ton cœur,
Sûr de l'amour et de l'honneur,
Avec une mâle assurance
Je puis braver les échafauds ;
Mais espérons des jours plus beaux.
En vain la crainte le rejette,
Je souris au pressentiment
Qui me transporte à ce moment
Où dans une douce retraite,
Obscurs et simples citoyens,
Nous mettrons à profit les biens
Que donne la seule nature.
Au sein de cette source pure
Que n'empoisonnèrent jamais
Ni les remords, ni les regrets,
Ni les complots, ni l'imposture ;
C'est là que, d'un monde trompeur
Soigneux d'éviter la présence,
Exempt des maux de l'indigence

Qui vit d'opprobre et de douleur,
Libre des soins de l'opulence
Qui trop souvent sèchent le cœur,
Dans une honnête et douce aisance,
Point envieux, point envié,
Je coulerai dans le silence
Des jours comptés par l'innocence,
Entre l'amour et l'amitié.

LES TROIS ROSES.

STANCES.

D'Aphrodite à Paphos on célébrait la fête ;
    Tous les dieux étaient accourus,
Et des plus belles fleurs chacun s'est mis en quête
    Pour faire un bouquet à Vénus.

Dans ce jour solennel l'amante de Zéphire
    Leur prodigue à tous ses faveurs ;
Mais Flore et ses jardins auront peine à suffire
    A la foule des demandeurs.

Les fils de la maison se font parfois attendre ;
    Le Plaisir, l'Hymen, et l'Amour,
Arrivent les derniers ; comment vont-ils s'y prendre ?
    Plus une fleur dans ce séjour.

« Rien pour qui vient trop tard, leur dit en riant Flore ;
    « On a dépeuplé ces cantons,

« Et je vous tiens heureux si vous trouvez encore
  « Par-ci, par-là quelques boutons.

« — C'est tout ce qu'il me faut, reprit le plus volage ;
  « Si vous secondez mon ardeur,
« De ce joli rosier dans un instant je gage
  « Transformer le bouton en fleur. »

La déesse gaiement à cette expérience
  Admet le Plaisir et l'Amour,
Et consent à la fin par pure complaisance
  Qu'Hymen la caresse à son tour.

Tous trois ont réussi dans leurs métamorphoses,
  Les boutons sont devenus fleurs ;
Seulement il advint que les trois jeunes roses
  Se trouvèrent de trois couleurs.

La fille du Plaisir de pourpre se couronne
  Comme le matin d'un beau jour ;
L'Hymen vit à regret que la sienne était jaune ;
  Blanche était celle de l'Amour.

Munis de leur bouquet, ils vont trouver leur mère,
  Et dans un petit compliment
En forme d'impromptu, chacun à sa manière
  Fait valoir son petit présent.

« Cette rose, maman, au Plaisir doit son être ;
  Elle en doit avoir le destin :
« Pour briller un moment, un moment la voit naître ;
  « Elle ira mourir sur ton sein.

«—Miracle, dit l'Hymen, sans l'aide de mon frère
   « J'ai produit la fleur que voici....
«— L'habile homme! interrompt l'Amour avec colère :
   « Sa rose est couleur de souci.

«—Je crois, poursuivit-il, mon bouquet préférable;
   «Symbole heureux de la candeur,
« Ma jeune rose est blanche, et son éclat durable
   « Survit long-temps à sa fraîcheur.

«—J'accepte vos présents, répondit Cythérée :
   « Et, pour m'acquitter à mon tour,
« De la main de chacun je veux être parée
   « De la fleur qui lui doit le jour.

« Que la rose au teint blême ajoute à ma parure
   « Le contraste de sa couleur;
« Fixez la fleur vermeille au nœud de ma ceinture,
   « Et la blanche contre mon cœur. »

LE PHILOSOPHE.

Depuis long-temps on m'apostrophe ;
Je suis fou, léger, indiscret.
Non, messieurs ; je suis philosophe.
Et je le prouve, qui plus est.
Attaqué par le pédantisme,
Ne répondons pas au hasard ;
Et, suivant les règles de l'art,
Présentons notre syllogisme.
Pour argumenter savamment,
Recherchons l'étymologie
De ce grand mot *philosophie*.
Philos, en grec, veut dire amant ;
La sagesse se dit *Sophie*:
Il s'ensuit nécessairement
Que, Sophie étant ma maîtresse,
Je suis l'amant de la sagesse,
Philosophe conséquemment.

L'HOMME ET LA MOUCHE.

FABLE.

Séduite par l'appât à ses desirs offert,
    Dans un vase de miel couvert
    Une mouche allait s'introduire :
    — Ne vois-tu pas, sot animal,
  Lui crie un homme, en quel piége fatal
    L'imprudence va te conduire?
    Dans ce vase lorsque tu voi
    Périr par milliers tes semblables,
    De tant d'exemples redoutables
    Sache au moins profiter pour toi.
      — L'avis est salutaire,
    Répond l'insecte bourdonnant;
    Mais ce reproche impertinent
    L'homme a-t-il droit de me le faire?
    En censeur tu veux t'ériger,
    Et toi-même, qui me méprises,
Par les fautes d'autrui loin de te corriger,
Tu ne profites pas de tes propres sottises.
Si par hasard vingt fois j'échappe à ce danger,
Et que j'y tombe encor par imprudence extrême,
Le rapport entre nous deviendra plus égal,
Et j'aurai peine alors à prononcer moi-même
Quel est entre nous deux le plus sot animal.

5.

LE BONHEUR D'UNE FILLE.

« De mon bonheur, ma bonne amie,
« Pourras-tu concevoir l'excès?
« Non, je ne crois pas de ma vie
« Avoir vu semblable succès.
« De tous côtés à mon oreille
« J'entendais dire : *Il est charmant,*
« *Mis avec goût, simple, élégant;*
« *D'honneur, il est fait à merveille.*
« Je puis t'avouer, entre nous,
« Que j'en eus une joie extrême ;
« Lucile, c'est qu'il est si doux
« D'entendre louer ce qu'on aime ! »
Ainsi parlait, au retour d'un concert,
L'aimable Laure à la jeune Lucile.
Maintenant je donne entre mille
A deviner au plus expert
L'objet d'un intérêt si tendre :
Chacun me répond, sans attendre,
Que c'est un jeune et tendre amant.
Non. — Un bon frère, un ami? — Bagatelle!
Il faut une cause plus belle
Pour un si noble sentiment.
Ce chef-d'œuvre de la nature,
Qu'on estime avant tout, qu'on chérit sans mesure,
De tant d'amour l'heureux objet,
Ce n'est pas un amant, messieurs.... c'est un bonnet.

ÉPITHALAME.

Dupe et victime de l'erreur
Qui séduit la folle jeunesse,
J'ai long-temps pris pour le bonheur
Du plaisir la flatteuse ivresse.
Honteux de son égarement,
Et recouvrant son innocence,
Mon cœur demande au sentiment
Compte des jours de l'inconstance.

Esprit, talents, graces, candeur,
Beauté, douceur, et modestie,
Tel est le portrait enchanteur
De l'épouse que j'ai choisie.

Tremblez, téméraires époux,
Dit la raison qu'amour entraîne;
Ces nœuds qui vous semblent si doux
N'en forment pas moins une chaîne.
Nous adoptons sans examen
Cette idée à nos cœurs si chère,
Et nous inventerions l'hymen
S'il n'existait pas sur la terre.

LE BON BAISER.

STANCES.

A ton amant accorde, ma Délie,
Un seul baiser pour la dernière fois :
Rien qu'un baiser, ô ma plus douce amie !
Mais que ce soit le baiser de mon choix.

De mes desirs le rapide incendie
En traits de feu sillonne tes appas ;
Amour se plaint que ces baisers sans vie
Viennent du cœur, et n'y retournent pas.

Baisez la bouche : elle répond à l'ame,
Donne un plaisir, le reçoit à son tour,
Confond enfin les deux cœurs qu'elle enflamme,
Et leur transmet les soupirs de l'amour.

Livre-moi donc cette bouche envieuse !....
Entr'ouvre un peu ces lèvres de corail !....
Ah ! je les presse,.... et ma langue amoureuse
Frémit d'amour entre tes dents d'émail.

Douce fureur ! aimable frénésie !
A son bonheur mon cœur ne suffit pas :
Dieu ! quel baiser !.... encore un, ma Délie,
Fût-il pour nous le signal du trépas.

LE VER LUISANT

ET

LE VER DE TERRE.

FABLE.

Dans une de ces nuits d'été
Dont l'obligeante obscurité
Sert d'asile au tendre mystère,
Dans un jardin, un ver luisant
Disait à certain ver de terre,
Qui de son réduit solitaire
Venait de sortir en glissant :
« Avouez que de la nature
« Je suis le plus bel ornement,
« On dirait que de ma parure
« J'ai dérobé l'éclat au firmament.
« Je crois, sans injustice aucune,
« Pouvoir disputer à la lune
« Le sombre empire de la nuit :
« A m'éclipser elle s'applique ;
« Mais ces clartés dont elle luit,
« Le soleil les lui communique ;
« Je brille de mes propres feux.

« — Un pareil sort ne me tenterait guère,
« Répond l'insecte ténébreux :

« Vous en rirez ; mais je préfère
« A cet appareil fastueux,
« A tant de gloire et de lumière,
« Ma forme lugubre et grossière,
« Mon misérable accoutrement.

« — De l'amour-propre étrange aveuglement !
 « Reprit le diamant mobile ;
 « Eh quoi ! l'espèce la plus vile
 « Jusqu'à moi voudra s'élever !
« — A Dieu ne plaise ! dit le ver ;
 « Je me connais ; je vous admire ;
 « Je rends justice à votre éclat :
 « Mais, content de mon humble état,
 « J'ai le bon esprit de me dire
 « Que dans ma triste obscurité
 « Je trouve au moins ma sûreté,
 « Et c'est tout ce que je desire :
 « Jouissez long-temps des honneurs
 « Que la nature vous destine,
 « Et puissiez-vous dans ses faveurs
 « Ne pas trouver votre ruine ! »

Comme ils parlaient, sur un arbre voisin
Un rossignol égayait sa compagne,
 Attentive à son chant divin.
 Notre chanteur dans la campagne
 Aperçoit le ver lumineux,
 Qui se plaisait à voir ses feux
 Jaillir sur l'herbe étincelante :
 L'oiseau profite du signal,

Fond sur le petit animal,
Et, sans respect pour sa robe brillante,
Il croque le porte-fanal.

Du voile de la modestie
Couvrez des talents précieux;
Par trop d'éclat ne frappez pas les yeux;
Cherchez plutôt à cacher votre vie.
Croyez-moi, mes amis, le secret d'être heureux
N'est guère que celui d'échapper à l'envie.

A MADEMOISELLE D...,

En lui envoyant un serin

Quittez mon triste domicile,
Et sans regrets, heureux oiseau,
Allez dans un plus doux asile
D'hymen allumer le flambeau.
Nourri sous mon toit solitaire,
Vous craignez peut-être en amour
D'éprouver une ardeur sincère
Sans l'inspirer à votre tour?
J'aime cette crainte modeste;
Mais contre un sort aussi funeste
Je puis vous armer en ce jour :
De modèles charmants votre nouveau séjour
Vous offrira la leçon exemplaire;
C'est à vous d'en bien profiter.
Autour de vous regardez faire,
Et vous verrez que l'art de plaire
Se réduit à l'art d'imiter.

VERS

A Mlle CONTAT,

Après une représentation des Amours de Bayard.

De la noble Randan quand la belle Contat
Nous offre sur la scène un si parfait modèle,
On conçoit que Bayard, le soutien de l'état,
    Méritât seul d'être aimé d'elle.
  De tes hauts faits, valeureux chevalier,
Le siècle où nous vivons juge mieux que les autres;
Tes vertus ont en France un illustre héritier,
    Et tes amours sont encore les nôtres.

LES ABRÉVIATEURS.

Oui, mes chers amis, en ce jour,
D'abréger on a la manie :
Nos belles abrègent l'amour,
Nos docteurs abrègent la vie :
Un amateur dans son jardin
Renferme l'abrégé du monde :
On voit la mer dans un bassin,
Et Paris dans une rotonde.

LE TESTAMENT DE L'AMOUR.

Vulcain des bosquets de Paphos
Avait enlevé Dionée,
Et dans les forges de Lemnos
La retenait emprisonnée.
Du plus fort le droit rigoureux
Triompha de sa résistance :
Un beau jour Vulcain fut heureux,
Et l'Hymen reçut la naissance.
L'Amour l'apprend : quel déplaisir !
Un froid mortel vient le saisir.
Le mal croît ; pour ses jours on tremble.
Ah ! dit Vénus, il en mourra :
Je l'ai prévu, ces enfants-là
Ne pourront jamais vivre ensemble.

Quand il est en santé, l'Amour
A l'avenir ne songe guères ;
Au moment de perdre le jour
Il veut mettre ordre à ses affaires.

Aussitôt on voit accourir
Le garde-note de Cythère.
C'en est fait, l'Amour va mourir !
Quel dieu pourra le secourir ?
Il a fait venir un notaire.

Près de succomber à ses maux,
L'Amour, entr'ouvrant sa paupière,
D'une voix mourante, en ces mots
Dicte sa volonté dernière :

« Par le présent acte arrêté,
« Consenti, revu, constaté,
« Le tout dans la forme ordinaire,
« J'établis la Fidélité
« Ma principale légataire,
« Et je nomme la Volupté
« Exécuteur testamentaire.
« Je lègue au Plaisir mon berceau,
« Mon patrimoine à l'Espérance,
« Mes ailes à la Jouissance,
« A la Discorde mon flambeau,
« A la Justice mon bandeau,
« Et mes armes à l'Innocence ;
« Enfin, pour contenter les vœux
« Que je forme encor sur la terre,
« Je demande que le Mystère
« Dans le fond d'un désert affreux
« Cache ma tombe solitaire ;
« Que sur ce triste monument
« On grave pour tout ornement
« Ces mots en style lapidaire :
« *Ci-gît du monde le soutien,*
« *Le fléau, l'espoir ou l'envie,*
« *Le plus grand mal, le plus grand bien,*
« *Un ange, un monstre, un dieu, tout, rien.*
« *Ci-gît l'Amour.... Adieu la vie !!!!* »

Il dit, et ferme ses beaux yeux.
Le Soleil pâlit dans les cieux;
Un voile épais couvre la terre;
Le désespoir est dans Cythère,
Et du monde attristé les dieux
Partagent la douleur amère;
Enfin, dans les bras de sa mère,
Qui voudrait avec lui mourir,
L'Amour, en accusant son frère,
Exhale son dernier soupir.

Dans des lieux stériles, agrestes,
Comme il l'a prescrit en mourant,
Sur les bords glacés d'un torrent
On dépose ses tristes restes :
Là les Jeux, les Graces en deuil,
De pleurs arrosant son cercueil,
Attendaient la troisième aurore.
Elle naît, spectacle enchanteur !
Ce n'est plus ce séjour d'horreur,
Ce désert que le ciel abhorre;
C'est un vallon chéri de Flore,
Où la rose, qui vient d'éclore,
Exhale ses douces odeurs :
Où la nature se décore
De fruits, de feuillage et de fleurs :
Tout croît, tout s'unit, tout fermente,
Tout s'embrase de feux nouveaux,
Et jusque dans le sein des eaux
Circule une sève brûlante.

Bientôt dans ce riant séjour
Le plus doux miracle s'achève :
Un myrte fleurit et s'élève
Sur cette tombe où fut l'Amour :
Sous son ombrage solitaire,
Daphnis et la jeune Glycère
Se livrent à d'aimables jeux ;
Dans l'innocence de leurs vœux
Une ardeur plus vive, plus tendre,
De son charme vient les surprendre,
Et tout-à-coup, au milieu d'eux,
Un long soupir se fait entendre.

Quel enfant paraît à leurs yeux ?
C'est lui !.... qui pourrait s'y méprendre !....
C'est l'Amour : plus brillant, plus beau,
Il sort de la nuit du tombeau :
Tel on voit l'oiseau d'Arabie
Au sein d'un bûcher parfumé
Puiser une nouvelle vie
Dans les feux qui l'ont consumé.

L'AMANT HEUREUX ET MODESTE.

L'amant qu'au jour on produit sans mystère
　　N'obtient pas le prix de ses soins;
Et bien souvent une femme préfère
　　Celui qui se montre le moins.
Des papillons autour de fleur vermeille
　　Si l'on voit s'agiter l'essaim,
　　On ne voit pas l'heureuse abeille
　　Qu'elle recèle dans son sein.

ÉPIGRAMME.

Quoi! vingt louis, monsieur Duval,
Et pour un portrait d'Émilie!
J'aurais vingt fois l'original
Pour la valeur de la copie.

CONFUCIUS

A LA PORTE DU PARADIS.

Quand ce Chinois de sagesse profonde,
Confucius, partit pour l'autre monde,
En paradis il crut entrer tout droit.
En disant: Ouvre, au suisse il se présente.
Mais celui-ci veut savoir de quel droit.
« Aux gens d'Église as-tu fait quelque rente?
« — Moi! point du tout. — As-tu prêché la foi
« Aux mécréants? as-tu dans cet emploi,
« Zélé martyr, reçu quelque apostrophe?
« — Ce que tu dis est de l'hébreu pour moi.
« — Qu'as-tu donc fait? — J'ai, dit le philosophe,
« Adoré Dieu, j'ai pratiqué sa loi.
« — Chansons que ça! — J'ai chéri mes semblables,
« Par la raison j'ai conduit les humains.
« — Va, malheureux, rôtir à tous les diables ;
« Tu n'es pas fait pour le séjour des saints. »

LES MOUCHES

ET

LE VASE DE SORBET.

APOLOGUE ORIENTAL.

Au temps du conquérant Thamas,
L'Indoustan était le partage
D'un prince faible et sans courage;
On le nommait Muhamet-Shas.
Au fond de son harem, dans un repos funeste,
Il s'abandonnait au plaisir,
Et, tout occupé de jouir,
Il s'en remettait pour le reste
Aux soins de son visir.
Éveille-toi, sultan, et songe à ta défense.

Il n'était bruit dans ce temps à Delhy
Que de la profonde science
D'un vieux dervis appelé Soudhaly.
La réputation d'un sage
Pénétra jusques à la cour,
Et l'empereur se fit un jour
Amener le saint personnage.

Dans l'asile des voluptés
On introduit le philosophe.
Des femmes, aux desirs par leur vue excités,

Sur des coussins de la plus riche étoffe,
De leurs jeunes appas prodiguaient les beautés :
L'Amour s'abandonnait aux caresses des Graces,
  Et dans ce séjour enchanteur
   Le Luxe à grands frais, sur ses traces,
  Traînait le cortége imposteur
  Des besoins dont il est l'auteur.

  Le dervis à peine remarque
  Tout cet appareil fastueux,
Et, d'un air à-la-fois libre et respectueux,
  Il s'avance vers le monarque.

 Sa majesté reposait mollement
  Entre les bras de ses maîtresses,
 Et savourait avec enivrement
  Le doux tribut de leurs tendresses.

Un esclave à genoux vient offrir le sorbet.
D'insectes bourdonnants un essaim indiscret
 De tous côtés sur le vase s'élance ;
 Mais au même instant la vengeance
  S'apprête à punir le forfait.
 Les moucherons, dans cette circonstance,
  N'eurent pas tous un même sort ;
  Les uns friands avec prudence,
  Du vase sans quitter le bord,
N'ayant fait qu'effleurer la liqueur enivrante,
Échappent aisément : tandis qu'avec transport,
D'autres, abandonnés à leur soif dévorante,
Au centre de la coupe ont rencontré la mort.

Ce spectacle afflige le sage,
Tout-à-coup il devient rêveur ;
Et ce tableau qu'il envisage
Arrache un soupir à son cœur.
« Qu'as-tu donc? quel sombre nuage
« S'est répandu sur ton visage ?
« Demande en riant l'empereur :
« Tu regardes beaucoup ce vase ;
« Qu'y vois-tu? — Des destins divers,
« Tout ce qu'on voit dans ce vaste univers, »
Dit, en sortant de son extase,
Le saint habitant des déserts.
« Des moucherons qu'attire ton breuvage,
« Ceux-ci par leur conduite sage,
« Ceux-là par leur avidité,
« Me retracent la double image
« De l'homme et de la volupté !
« Les premiers, du plaisir usant avec prudence,
« Jouissent sans intempérance ;
« Et, maîtres d'eux, sont toujours prêts
« A fuir quand le danger commence.
« Des autres les honteux excès,
« Et la punition sévère,
« Nous peignent ces fils de la terre,
« Victimes des lâches desirs,
« Moissonnés au sein des plaisirs
« Dont ils font leur unique affaire.
« Leur courage est éteint, leur cœur est abattu ;
« Si le péril vient les surprendre,
« De leurs efforts il ne faut rien attendre :
« Sans penser même à se défendre,

« Ils périront sans gloire ainsi qu'ils ont vécu. »

  Du dervis la leçon hardie
Étonna l'empereur, qui parut la sentir;
Mais il n'était plus temps; la fortune ennemie
  Prévint un tardif repentir :
Sans délai, dans l'histoire elle inscrivit la fable.

Le lendemain Thamas vient assiéger Delhy :
  Contre un guerrier si redoutable,
  Que pouvait un prince avili?
Trahi par ses soldats, par son propre courage,
  Il fut réduit en esclavage;
Et, courbé sous ses fers, le triste Muhamet
  Se ressouvint du vase de sorbet.

ÉPIGRAMME

Traduite du grec.

Niobé, par les dieux en pierre transformée,
De la main du sculpteur vient d'être ranimée.

SUR LE LIVRE DE SOUVENIRS

DE LAURE T***.

L'amitié, je l'avoue, est trop ambitieuse,
Et ne peut en tout temps occuper votre cœur :
Hé bien, oubliez-moi, quand vous serez heureuse;
Mais ressouvenez-vous de moi dans le malheur.

ÉPIGRAMME.

Damis de six chevaux attelle sa berline ;
Où court-il donc si vite? hélas! à sa ruine.

AUTRE,

Traduite de l'espagnol.

Un fossoyeur, dans le terrestre asile,
    Venait de placer un mari,
    Et dans son dernier domicile
Il s'empressait de le mettre à l'abri.
Tout en réfléchissant qu'il faut bien peu de place
    Pour loger messieurs les humains,
    Dans la fosse notre homme entasse
    Tout ce qui tombe sous ses mains.
    Il y jette et cailloux et terre
Et de maints trépassés le triste *et cætera !*
    Une corne se trouvait là;
    Il ne savait ce qu'il devait en faire :
    Jetez, jetez, lui dit quelqu'un;
C'est encore, j'en jure, un des os du défunt.

LA LAVANDE ET LA ROSE.

FABLE.

Fière de fixer autour d'elle
Un essaim léger de flatteurs,
De s'entendre sans cesse appeler la plus belle,
L'ornement de la terre et la reine des fleurs,
　Dans un parterre une rose nouvelle
　Avec orgueil étalait ses couleurs :
　　Elle se croyait un prodige,
　　Et peut-être l'aurait été
　　Si par son dangereux prestige
　　L'amour-propre n'eût tout gâté.

　　Du haut de sa tige épineuse
　　Elle insulte à toutes ses sœurs ;
« Le lis n'a point d'éclat, l'œillet n'a point d'odeurs ;
　« Pour la jonquille langoureuse,
　« On n'en dit rien, et sans la tubéreuse
　　« Elle serait la dernière des fleurs.
　　« Le souci, la triste pensée
　　« Ont du moins un mérite égal,
　　« Tous deux sont la ressource usée
　　« De l'insipide madrigal.
　　« C'est à bon droit que chacun raille
　　« Les prétentions du jasmin ;
　　« Il figure dans le jardin,

« Mais c'est autour de la muraille.
« Que je plains le sort rigoureux
« De ce Narcisse pâle et blême !
« Comme autrefois, le malheureux
« Est réduit à s'aimer lui-même.
« La violette, en se cachant aux yeux,
« De bon sens, de justice offre au moins un modèle ;
« Je ne dis rien de l'immortelle ;
« On doit respecter ses aïeux.
« Mais cherchons bien, ajoute-t-elle,
« Voyons quelle autre fleur on peut de bonne foi
« Mettre en parallèle avec moi. »

Près d'elle était l'humble lavande
Qui naît et croît sans ornement :
Elle lui dit tout bas : « Je prends l'engagement
« De satisfaire à la demande ;
« Donnez-moi deux jours seulement.
« — J'y consens, répond l'arrogante ;
« Mais, poursuit-elle, en balançant
« De son front radieux la richesse élégante,
« Deux jours seraient trop peu ; je t'en accorde cent.
« — Deux suffiront. » La seconde journée
Commence à peine, et la rose est fanée ;
Plus d'odeur, plus de coloris,
Tout est passé ; par un retour funeste,
De ses appas qu'un seul jour a flétris,
L'épine est tout ce qui lui reste.
Adieu les flatteurs et l'amour !
On se retire, on l'abandonne ;
Au lieu d'une brillante cour

La solitude l'environne :
Enfin pour comble de tourments,
Autour de la lavande elle voit ses amants.

« Connaissez-moi, lui dit sa modeste rivale,
 « Et gardez-vous de redouter
 « Qu'à vos maux je veuille insulter !
 « Mais souffrez un trait de morale.

« Hier encor vous régniez dans ces lieux ;
 « On vous en proclamait la reine,
 « Et l'on me regardait à peine
 « Quand vous attiriez tous les yeux ;
 « Du temps victimes toutes deux,
 « Quand nous partageons son ravage,
 « Pourquoi m'adresse-t-on des vœux
 « Qu'on vous dérobe avec outrage ?
 « Il faut le dire sans détour :
 « Vos attraits ne brillent qu'un jour.
 « Aucun charme ne les remplace :
 « Comme vous je perds ma fraîcheur,
 « Mais, plus heureuse en ma disgrace,
 « Je conserve encor mon odeur. »

Vous à qui s'adresse ma fable,
Jeunes filles, songez-y bien ;
La beauté du bonheur n'est qu'un faible soutien ;
Assurez-vous un appui plus durable.
Fleur si brillante des beaux ans
Bientôt doit vous être ravie :
Parfum d'esprit, de vertus, de talents,
Se répand sur toute la vie.

ÉPIGRAMME.

Alcidor touche à ses derniers moments;
    La douleur accable sa femme :
Tous les deux par des pleurs et des gémissements
    Expriment l'état de leur ame.
    De tout cela, dit le curé,
    S'il faut conclure quelque chose,
    J'avance, moi, comme un fait avéré,
Qu'ici mêmes effets n'ont pas la même cause :
    Et puisqu'il nous faut définir
    Des deux côtés une douleur si vive,
    Alcidor a peur de mourir,
    Et sa femme craint qu'il ne vive.

AUTRE.

Vous n'avez de vos jours dit une vérité,
Disait à son épouse Édelmond en colère.
Je commence aujourd'hui, dit-elle avec gaieté :
Vous êtes un c...C'en est une, j'espère.

AUTRE.

Traduite de Waller.

Lorsque tu vas chercher et l'hymen et la mort
    Dans les bras d'un octogénaire,
Élise, à tes amis, qui pleurent sur ton sort,
    Ton épitaphe est ce qui reste à faire.

LE PLÉNIPOTENTIAIRE RÉSERVÉ.

Charles La Croix à milord Malmsbury
    Demande comment il se porte.
    Pour le moment, interrompt celui-ci,
Je n'en sais rien, ou le diable m'emporte :
    Mais je le saurai quelque jour,
Car je vais l'envoyer demander à ma cour.

FABLE

IMITÉE DU RUSSE.

(1821.)

Du fond de son antre sauvage,
Un ours, fameux par ses exploits,
Régnait en maître dans les bois
    Conquis par son courage.
Les animaux tinrent conseil
Pendant que l'ours dormait; pour lui faire la chasse
    Tous se lèvent en masse,
    Et l'attaquent à son réveil.
Il combat en héros; mais sa défense est vaine
    Contre tant d'efforts réunis;
        Et dans la plaine
        Où sa fureur l'entraîne
Il succombe accablé par des flots d'ennemis.
On veut se partager les dépouilles opimes,
Et chacun y prétend à titres légitimes;
Le lièvre même en veut avoir sa part.
« Oh! pour le coup, dit un vieux léopard,
Parmi les combattants on ne t'attendait guère.
    — Pourquoi non? j'ai bien fait la guerre;
    Au danger on m'a vu courir;
    Et si le monstre a quitté son repaire,
        C'est moi qui l'en ai fait sortir. »
De ce lièvre en riant on admet la requête,

Mais comme de l'ours mort il n'osait approcher,
On convint qu'il aurait quelque poil de la bête
　　S'il osait aller l'arracher.

　　Combien de gens de même taille,
　　Courageux après la bataille,
　　Parlent d'eux-même avec transport:
Sur l'ennemi tombé signalant leur audace,
　　Ils n'osent même après sa mort
　　　　Le regarder en face

MADRIGAL

A MADEMOISELLE R***,

Qui s'affligeait de ne pas connaître ses parents.

Qu'importe, Paméla, qui vous donna le jour,
Les graces, les attraits, voilà votre famille :
Chacun sait que Vénus est mère de l'Amour;
Mais on ignore encor de qui Vénus est fille.

A Mme BRANCHU,

En lui envoyant la partition de l'opéra de la Vestale, de la part
du compositeur

De tout ce que je dois au charme de votre art
    N'espérez pas que je convienne;
  Si vous acceptiez votre part,
    Vous diminueriez trop la mienne.

VERS

Inscrits au bas d'un pêcher en fleur.

Du véritable amour que l'amitié couronne
Cet arbuste offrira l'emblème à tous les temps,
Des plus brillantes fleurs il se couvre au printemps,
Et des fruits les plus doux il enrichit l'automne.

A MADAME DE B***,

En lui envoyant *le Paradis perdu*

Forte de vos vertus, Ève aurait évité
    Tous les maux dont elle fut cause :
Adam n'eût point failli; Milton n'eût pas chanté :
    Malheur est bon à quelque chose.

ÉPIGRAMME.

« M'apprendrez-vous (disait à son curé
    D'un ton malin la jeune Elvire)
    Pourquoi d'hymen le nœud sacré
N'existe pas dans le céleste empire?
— Hélas! ma chère sœur, à regret je le dis;
C'est que les femmes sont rares en paradis.
    — Détrompez-vous, mon très cher maître;
    Vous ne savez pas le fin mot :
    Les femmes abondent là-haut,
Et pour s'y marier on n'attend plus.... qu'un prêtre. »

L'AMI FIDÈLE.

STANCES.

« O mes amis! disait un sage,
« Dans ce monde il n'est point d'amis. »
De ce misanthrope sauvage
Je ne partage pas l'avis;
L'amitié ne se montre guère,
Et j'en conviens de bonne foi :
Mais elle habite encor la terre;
Vous en doutez, venez chez moi.

Vous y trouverez un modèle
D'attachement, de loyauté,
Un ami vrai, tendre, fidèle
Même au jour de l'adversité.
Jour et nuit près de moi sans cesse,
Je lui dois bonheur et repos,
Et son indulgente tendresse
Chérit jusques à mes défauts.

Le sort menace-t-il ma tête,
Mes maux ne le rebutent pas;
L'exil m'attend, rien ne l'arrête,
Mon ami vole sur mes pas;
Je vois la mort; sa main funeste
De mon logis touche le seuil;
Que m'importe, un ami me reste;
Il suivra du moins mon cercueil.

Il immole à celui qu'il aime
Et ses goûts et sa liberté :
Mon desir est sa loi suprême,
Mon caprice est sa volonté.
Toujours armé pour ma vengeance,
Ami des périls que je cours,
Combien de fois pour ma défense
Je l'ai vu prodiguer ses jours !

« De ce trésor incomparable
« Je garderai bien le secret,
« Et du Pylade de la fable
« J'ai, dis-tu, rêvé le portrait.
« Ah ! s'il existe, qu'on le nomme,
« Ce mortel rare.... » J'en convien :
Mais qui vous dit que c'est un homme !
Hélas ! cet ami, c'est mon chien.

NAIVETÉ.

Scalpel en poche et lanterne à la main,
   Certain frater, Irlandais d'origine,
Au fond d'un cimetière, un soir, à la sourdine,
Escamotait un mort enterré le matin.
Pris sur le fait, de lui la justice s'empare :
     On l'interroge, et sans effroi
     Notre homme ingénument déclare
   Qu'il n'a rien fait qu'en vertu de la loi.
« Et quelle est donc, dit le juge en colère,
La loi qui légitime un si cruel abus?
    —Goddam! milord, la chose est claire,
     C'est la loi d'*habeas corpus*. »

LA RELIQUE
DE SAINT JOSEPH.

Le sacristain d'un couvent séraphique
Faisait trembler et le chœur et la nef,
Tant il criait : « Voyez cette relique;
« C'est un cheveu, messieurs, de saint Joseph! »
Lors un quidam, en s'approchant tout contre :
« Si je le vois, je veux être pendu.
« —Belle raison! dit l'autre; je le montre
« Depuis vingt ans, sans l'avoir jamais vu. »

MADRIGAL

A MADAME DE SAINT-I....

Sur un signe couleur de rose.

L'Amour, pour mutiner Églé,
D'un insecte brillant emprunta la figure :
    Et Dieu sait par quelle piqûre,
    Sur quels lieux il s'est signalé.
    Comme il se doutait que la belle
   Se garderait d'éventer la nouvelle,
Par un signe apparent le drôle imagina
    D'attester sa métamorphose,
Et d'un coup d'aiguillon soudain il imprima
Sur les lis de son sein un stigmate de rose.

MADRIGAL

Sur une bourse donnée et faite par madame ***.

Que cette bourse à mes yeux a d'attraits !
Elle me vient d'une main si chérie !
Ah ! je suis mort s'il arrive jamais
Qu'on me demande ou la bourse ou la vie.

ÉPIGRAMME

Sur de mauvais danseurs dansant au son d'une bonne musique.

Imit. de Cannningham

Que ces danseurs, sans mesure, sans grace,
Conviennent mal à des accords si beaux !
Tel on nous peint Orphée aux champs de Thrace
 Faisant danser les animaux.

AUTRE.

DÉFINITION DE L'AMOUR.

L'Amour, fils de l'Illusion,
Est élevé par l'Espérance,
Entretenu par l'Ignorance,
Ruiné par l'Expérience,
Tué par la Possession.

AUTRE.

A UNE JOLIE DÉVOTE.

En vain, Iris, par maintes patenôtres
Vous espérez fléchir le céleste courroux;
Pour que le ciel prenne pitié de vous,
Prenez un peu pitié des autres.

ORIGINE DES ALBUM.

A M. L. GARNERAY.

Blessé par le serpent Python,
Dont il avait puni l'audace,
Pendant quelque temps Apollon
S'était vu forcé, nous dit-on,
De garder la chambre au Parnasse.
Esculape en a répondu ;
Mais de la demeure divine
Tout accès était défendu
Même aux filles de Mnémosyne.
Alors on vit de toutes parts
Accourir les enfants des arts ;
Et chez le beau dieu de la lyre,
Que l'on dérobe à leurs regards,
Chacun s'empresse de s'écrire.
Dans un voyage vers ces lieux
Où le fils de Latone habite,
Une muse a mis sous mes yeux
L'un de ces album précieux
Rempli de cartes de visite.
L'œuvre a révélé les talents :
Simple et vrai comme la nature,
Je reconnais ces traits brillants ;
Decamp, voilà ta signature.

Ce *charlatan*[1] la fiole en main
M'avait déja nommé Rohen.
Dunouis, ce frais paysage,
Ces bois, ces rochers, ce feuillage,
Révèlent tes crayons exquis.
Boissieu parle dans ses croquis.
Quel coloris brillant et tendre !
Non, non, à ce charmant morceau
Un *estimateur de tableau*[2]
Ne pourra jamais se méprendre ?
Mais en lisant ce *doux adieu*
Qu'un poëte guerrier soupire,
Monsieur Régnault, on pourrait dire
Que ces vers-là sont de Chaulieu
Il est encore une méprise
Qu'Apollon lui-même a commise :
En voyant *le port de Bordeaux*[3],
Ce ciel, cette mer, ces vaisseaux,
Trompé par ces touches si fines,
Le dieu, qui pourtant s'y connaît,
Au bas de ces belles marines
De sa main écrivit, *Vernet*.
Fière d'une erreur honorable,
Mais plus éprise encor du vrai,
Sur cet album la muse aimable,
Avec un charme inexprimable,
Inscrit le nom de Garneray.

[1] D'après de M Decamp Rohen.
[2] Gouache de mademoiselle Lescot, aujourd'hui madame Handebourg
[3] Dessin de M. L. Garneray.

A MADAME J. D...

Pour fêter mainte et mainte belle
Frivole en ses desirs, plus frivole en ses goûts,
Le Caprice léger va semant d'un coup d'aile
Petits vers à la rose, et fragiles bijoux ;
Mais la fille des arts, et leur noble interprète,
Demande à l'Amitié des tributs plus flatteurs :
  Nous voulons célébrer sa fête ;
Que faut-il à Julie en sa douce retraite ?
Des crayons, des pinceaux, une lyre, et des fleurs.

FRAGMENTS

D'UNE COMÉDIE INTITULÉE: UNE FRANÇAISE.

J'avais essayé de reproduire dans cet ouvrage cette alliance de vertu et de coquetterie, de frivolité et de raison supérieure, qui prête tant de charmes aux femmes de mon pays; rien de plus aimable et de moins facile à peindre que ce mélange singulier, que cet assemblage incohérent de qualités solides et de défauts brillants.

En France, mais en France seulement, l'état de la société, l'éducation des femmes, leurs intérêts et leurs plaisirs mêlés aux nôtres, donnent un développement complet à cette humeur native, à cette sensibilité mobile qui s'attache tantôt à une action héroïque, qui s'associe en un moment aux pensées les plus fortes, aux sentiments les plus nobles, et aux sensations les plus tendres : le modèle de mon *Astérie* n'est pas rare, mais il ne se trouve que dans

> . . . . Ces belles contrées
> Où d'un peuple poli les femmes adorées,
> Compagnes d'un époux, et reines en tous lieux,
> . . . .
> Libres sans déshonneur, honnêtes sans contrainte,
> Ne doivent pas du moins leurs vertus à leur crainte

On m'avait fourni le sujet et le modèle; ma pièce, destinée pour un théâtre de société, y avait obtenu un succès de circonstance qui ne m'a pas suffisamment rassuré sur le sort qu'elle aurait pu éprouver sur un théâtre public : je n'ai pas même cru devoir lui donner place dans la collection de mes œuvres dramatiques, et je me suis borné à en conserver ces légers fragments.

(*Astérie* est interrogée par la jeune *Ida*, sa pupille.)

IDA.

Avant tout, voudrais-tu me dire sans détour
A quoi l'on reconnaît quand on a de l'amour?

ASTÉRIE.

Mais oui, certainement; tu sais que ma tendresse,
N'a jamais refusé d'éclairer ta jeunesse....
D'abord on dort très peu.... le cœur est agité....
On perd, sans le savoir, son repos, sa gaieté...
Le regard est distrait, on a l'ame oppressée,
Toujours un même objet assiège la pensée;
On le craint, on le cherche, on l'appelle, on le fuit,
On en parle le jour, on y songe la nuit;
Enfin, de notre cœur l'amour est déja maître,
Que nous cherchons encore à quoi le reconnaître.

(Dans une scène entre le comte d'Halcour, jeune ministre français, et une dame anglaise, celle-ci prétend qu'elle n'est point en France pour son plaisir.)

LE COMTE.

Vous êtes cependant sur sa terre natale.

MILADY.

Vraiment oui, j'en conviens: ici l'on se signale
Par un profond mépris pour la triste raison.

ASTÉRIE.

Pour l'ennui.

MILADY.

    La sagesse a chez vous même nom.

LE COMTE.

Nous ne lui faisons pas, madame, un tel outrage,
On peut être ennuyeux sans en être plus sage.

En ces lieux plus qu'ailleurs on aime la gaieté;
On y trouve pourtant quelque autre qualité.
Comme par tout pays, avec vous je confesse
Que le bien et le mal s'y confondent sans cesse;
Qu'on peut y rencontrer, sous vingt aspects divers,
Des abus, des défauts, des erreurs, des travers;
Mais cette France, enfin, il faut bien qu'on l'avoue,
A plus d'un titre aussi mérite qu'on la loue :
L'orgueil bien rarement y dessèche le cœur;
L'argent n'y tient pas lieu de probité, d'honneur;
On cherche le plaisir, mais on fuit la licence,
Et le désordre même y connaît la décence.
La politesse y règne avec la liberté;
On oblige par goût, jamais par vanité.
De l'amitié, du moins, les nœuds y sont durables;
Les vices moins grossiers, les vertus plus aimables;
Et tout considéré, malgré les médisants,
Les Français, milady, sont d'assez bonnes gens.

MILADY.

Des plus rares vertus votre France est remplie;
Si l'on n'en parle pas, c'est pure modestie.

LE COMTE.

Le bien se fait ici sans beaucoup de fracas;
Le vice y fait du bruit, la vertu n'en fait pas;
Je connais des pays où c'est tout le contraire.

MILADY.

Et moi j'en connais un, monsieur, où l'on préfère
Les travaux sérieux aux vains amusements,
Le bien faire au bien dire, à l'esprit le bon sens;
Où de rire de tout on n'a pas la manie,
Où la frivolité, le bon ton, l'ironie

Ne peuvent remplacer le savoir, les talents;
Où les hommes d'état ainsi que les savants,
Constamment renfermés dans leurs doctes retraites,
Ne passent pas leur vie à courir les toilettes.
LE COMTE.
Mais on s'en aperçoit; et d'un sage vanté,
Je puis armer contre eux l'antique autorité:
Il veut que la raison de fleurs orne ses traces,
Et leur dit avec nous : Sacrifiez aux graces!....
D'un principe si doux je craindrais d'abuser;
Je me retire.

(*Il sort.*)

MILADY, *après la sortie du comte.*

A parler sans détour,
Je n'aime point du tout votre monsieur d'Halcour.
ASTÉRIE.
Ah! la prévention dans cette haine éclate!
C'est un homme parfait.
MILADY.
Je le crois, il vous flatte.
ASTÉRIE.
Eh mais, la flatterie a bien son agrément!
MILADY.
On pense, en Angleterre, un peu différemment.
Là, les femmes, par goût, chez elles retirées,
D'un essaim de flatteurs ne sont pas entourées;
Et, contentes de plaire aux yeux de leurs époux,
De vos succès brillants leur cœur n'est point jaloux;
Il leur suffit enfin, ma sœur, qu'on les révère.
ASTÉRIE.
J'estime infiniment vos dames d'Angleterre,

Et je ne cherche pas si leur austérité
Se fait une vertu de la nécessité;
Si l'on doit, après tout, se faire un grand mérite
De vivre loin du monde alors qu'il nous évite;
Si les hommes enfin, qui les recherchent peu,
A ce goût de retraite ont donné trop beau jeu;
Mais je dois convenir que je suis plus traitable;
Je ne m'offense pas que l'on me trouve aimable;
Je veux même avec vous, en secret, l'avouer,
J'éprouve du plaisir à m'entendre louer,
Et ne crois pas du tout ce plaisir condamnable
Quand on sait l'arrêter au terme convenable :
Pour tracer d'un seul mot nos devoirs et nos goûts,
On doit n'en aimer qu'un, mais on peut plaire à tous.

(*Clénord*, époux d'*Astérie*, a découvert le motif honorable de la conduite de sa femme, qui lui avait donné quelques inquiétudes dans le cours de la pièce.)

    J'ai reconnu ma femme;
Et, dussé-je encourir en ce moment le blâme
D'un éloge à moi seul en France défendu,
Malgré l'ordre formel du bon ton prétendu,
Je dis qu'après douze ans d'un heureux mariage,
J'ai toujours des raisons pour l'aimer davantage;
Que....

    ASTÉRIE.

Prenez garde, au moins, le cœur est indiscret;
Je pourrais, à mon tour, vous dire votre fait,
Et nous verrions beau jeu!

    LE COMTE.

    Pour moi, du fond de l'ame

Je me demande enfin qui de nous à madame
N'a pas, en ce moment, quelque obligation?
Ma part à ses bienfaits est dans l'occasion
(à Édouard.)
Qu'elle a voulu m'offrir de vous être agréable.

MILADY.

Et moi....

ASTÉRIE.

Je suis vraiment une femme admirable!
J'ai servi par hasard à détromper ma sœur;
D'un vieil ami, j'ai fait un noble protecteur;
J'ai tâché d'assurer le bonheur de la vie
De l'enfant de mon cœur, de ma plus tendre amie;
Pour terminer enfin par un trait sans égal,
J'ai fait le sacrifice à mon mari.... d'un bal.

LA LIBERTÉ ET LES ARTS,

SCÈNES LYRIQUES

REPRÉSENTÉES SUR UN THÉATRE DE SOCIÉTE,

A l'occasion d'une fête donnée à M. David en 1802.

PERSONNAGES.

ZEUXIS.
ALCIBIADE.
ASPASIE.
CHOEUR DE JEUNES ESCLAVES DES DEUX SEXES.

La scène se passe à Athènes, dans le palais d'Alcibiade.

LA LIBERTÉ ET LES ARTS.

SCÈNES LYRIQUES.

SCÈNE I.

Le théâtre représente un salon du palais d'Alcibiade, décoré avec la plus grande recherche : à l'une des extrémités on voit un chevalet sur lequel est placé le portrait ébauché d'Alcibiade.

ALCIBIADE, ASPASIE.

ASPASIE.
Vous espérez en vain que l'or le persuade.
Ce portrait à mes vœux depuis long-temps promis,
  Jamais, mon cher Alcibiade,
Ne sera terminé de la main de Zeuxis;
 Il a juré de venger son injure;
Rien ne pourra calmer son fier ressentiment.

ALCIBIADE.
La colère et l'amour sont sujets au parjure;
Le peintre d'Héraclée oubliera son serment
  En oubliant la maîtresse
 Que j'ai ravie à sa tendresse.

ASPASIE, *fièrement.*
 Et cela s'oublie aisément?

ALCIBIADE, *avec une tendresse un peu ironique.*
Ce n'est pas auprès d'Aspasie
Qu'il est permis d'être inconstant;
On doit l'aimer toute la vie,
Quand on l'a vue un seul instant;
Peut-il jamais être infidèle,
L'amant heureux de la beauté
Qu'Athènes cite pour modèle
    De la fidélité?
ASPASIE, *riant.*
Mon éloge est aussi le vôtre,
Et votre modestie en vain veut le nier;
Pour la constance émule l'un de l'autre
Nos cœurs n'ont rien à s'envier.
(*Allant vers le tableau.*)
    Dans cette ébauche immortelle
    Que de feu, de vérité!
Pourquoi faut-il qu'une froide querelle,
    D'un portrait si beau, si fidèle,
    Prive l'amour et la postérité?

ALCIBIADE.
Ils l'obtiendront.

ASPASIE.
De Zeuxis?

ALCIBIADE.
De lui-même.

ASPASIE.
N'y comptez pas.

ALCIBIADE.
Dans peu de jours.

ASPASIE.
Jamais.

SCÈNE I.

Sachez qu'en sa fureur extrême
Il abandonne Athène.

ALCIBIADE.

Il est dans mon palais;
Depuis long-temps à ma prière
Il opposait un vain effort;
On ne peut long-temps se soustraire
A la volonté du plus fort.
Je l'ai fait enlever; il est en ma puissance.

ASPASIE.

N'attendez rien de cette violence.

DUO.

Des enfants de la liberté
N'arrêtez pas l'essor sublime;
Les arts ainsi que la beauté
Ne caressent jamais la main qui les opprime.

ALCIBIADE.

On peut subjuguer les talents
Comme on peut soumettre les belles.

ASPASIE.

Pour échapper à leurs tyrans
Le génie et l'amour n'ont-ils donc pas des ailes?
Minerve employait la douceur
Pour apprivoiser Éryctée.

ALCIBIADE.

Sans la force, sans la rigueur,
On n'obtenait rien de Prothée.

ENSEMBLE.

Des enfants de la liberté
N'arrêtez pas } l'essor sublime,
Je gouverne }

Les arts ainsi que la beauté
Ne caressent jamais
Caressent quelquefois } la main qui les opprime.

ASPASIE.

Eh bien! éprouvons tour-à-tour
Votre pouvoir et ma puissance;
Voyons qui de nous en ce jour
Saura vaincre sa résistance.

ALCIBIADE.

Réserve pour l'amour ce charme séducteur
    Dont je connais trop bien l'empire;
    Il ne pourrait rien sur un cœur
Que l'orgueil a blessé, que la haine déchire;
    C'est par la menace et la peur
      Que je veux le réduire.

ASPASIE.

    Sans moi, je le prédis,
  Vous n'obtiendrez rien de Zeuxis.
Il paraît.... Je vous laisse apaiser sa colère.
              (*Elle sort.*)

SCÈNE II.

ALCIBIADE, ZEUXIS.

ALCIBIADE.

Puis-je espérer enfin qu'à mes vœux moins contraire,
Et sensible aux honneurs qu'il reçoit parmi nous,
    Zeuxis, devenu moins sévère,
Laisse par mes bienfaits désarmer son courroux;
    A mes desirs consent-il à se rendre?

SCÈNE II.

ZEUXIS, *avec colère.*

Qui? moi!... Pour t'en ôter l'espoir,
Si ton audace osait le concevoir,
Je réduirais ma main en cendre;
J'en atteste ici tous les dieux.
Non, jamais mon pinceau sublime,
Des traits d'un jeune audacieux
Ne souillera la toile que j'anime.
Mais après tout que t'importe en effet
   Mon art rival de la nature;
   Timon[1] pour la race future
   A déja tracé ton portrait.

ALCIBIADE.

Ne pousse pas plus loin ta ridicule audace;
Tu vois ce que je puis.... Ne me résiste pas.

ZEUXIS, *avec mépris.*

Enfant, épargne-toi cette vaine menace,
Je me ris des fureurs du fils de Clinias.

ALCIBIADE.

Je soumettrai cette humeur intraitable;
Tu ne sais pas encor de quoi je suis capable?

ZEUXIS.

   Je ne veux pas te contester
   Le privilège de tes œuvres;
   Je ne sais que les enfanter,
   Tu sais mutiler des chefs-d'œuvres[2],
   Je connais tes heureux talents.

---

[1] Timon, le misanthrope, avait dit d'Alcibiade enfant, qu'il voyait en lui le destructeur et le fléau de sa patrie.

[2] Allusion à la mutilation des statues de Mercure dont Alcibiade fut accusé.

Mieux qu'aucun citoyen d'Athène
Tu sais guider un char dans la poudreuse arêne;
Tu sais, dans tes nobles penchants,
Braver les lois, les mœurs, séduire l'innocence;
Tu sais imiter les tyrans....

ALCIBIADE.

Et je sais punir l'insolence.
Je te le dis pour la dernière fois :
Comblé de mes bienfaits, se rendre à ma prière,
Ou du soleil jamais ne revoir la lumière,
Zeuxis, tu n'as plus que ce choix.

ZEUXIS.

Il est fait.

ALCIBIADE.

Un moment je suspends ma vengeance;
Tremble, tu dois tout craindre, et même le trépas.

(*Il sort.*)

ZEUXIS.

Mais ton portrait du moins ne s'achévera pas.

SCÈNE III.

ZEUXIS, *seul*.

Armé d'une noble constance,
Bravons la mort présente à mes regards;
Par une lâche complaisance
Ne souillons pas la majesté des arts....
De sang-froid cependant examinons la chose;
Cet insigne étourdi ne connaît aucun frein;....
Neveu de Périclès, il peut tout ce qu'il ose!....

S'il osait de mes jours précipiter la fin ?....
    Zeuxis, tu vécus pour la gloire,
    Tu ne connais plus de rivaux ;
  Tu peux mourir : les filles de mémoire
A l'immortalité consacrent tes pinceaux.
Ah ! c'est fort beau de vivre dans l'histoire ;
    Mais je l'avouerai sans détour ;
Je verrais à regret ma carrière finie ;
Je sais qu'on ne perd pas la gloire avec la vie ;
Mais en perdant la vie, hélas ! on perd l'amour.
    De mes travaux compagnes immortelles,
    A qui je dois mes talents, mon bonheur,
    De vos regards les vives étincelles
Embrâsent à-la-fois mon génie et mon cœur.
Je ne vous verrais plus, ô mes charmants modéles !....
La mort peut loin de vous inspirer la terreur....
    Ah ! repoussons une indigne faiblesse ;
N'achetons pas la vie au prix d'une bassesse,
Et ne prenons conseil que des lois de l'honneur.

SCÈNE IV.

ZEUXIS, ESCLAVES.

(Les esclaves sont vêtus d'une manière effrayante, et tiennent en main des armes, des fers, etc.)

CHOEUR D'ESCLAVES.

Le héros que chérit Athène
Te prescrit sa loi souveraine ;
Tu dois obéir sans effort :

Dans ce péril extrême
Cède à sa voix suprême,
Ou tremble sur ton sort.

ZEUXIS.

Et ne savez-vous pas, rebut de la nature,
Que les sifflements de Pithon
N'intimident pas Apollon.

UN ESCLAVE.

Au sommet d'une tour obscure
Prépare-toi donc à mourir;
De la plus vile nourriture
Ta faim ne pourra s'assouvir;
Tu gémiras dans la souffrance,
Sans témoins, secours, ni repos,
Et le bienfait de l'espérance
Ne soulagera pas tes maux.

ZEUXIS.

Des lois j'invoquerai la suprême vengeance.

L'ESCLAVE.

Nous savons le moyen de t'imposer silence.
Tes pinceaux ou des fers !... Choisis.

ZEUXIS.

Oseriez-vous bien, vils esclaves,
Par de flétrissantes entraves,
Déshonorer les mains de l'immortel Zeuxis?

LE CHOEUR.

Le héros que chérit Athènes, etc.

ZEUXIS, *au milieu des esclaves.*

Plutôt que jusques-là ma fierté s'humilie,
Et que les faveurs du génie
Soient le prix de la trahison,

SCÈNE IV.

Dans le fond des enfers j'irai peindre Pluton.

LE CHOEUR.
Lui-même a prononcé sa peine;
Plus de délai, plus de pitié;
Sourd à la voix de l'amitié,
Qu'il soit victime de la haine,
Qu'il périsse oublié.

ZEUXIS.
Lâches! en vain vous m'ôteriez la vie;
Un homme tel que moi, jamais on ne l'oublie.

LE CHOEUR, *le pressant.*
Plus de délais, plus de pitié.

ZEUXIS.
D'un odieux tyran complices mercenaires,
D'un glaive seulement osez armer mon bras!...
(*A part.*)
Mais de quoi serviront mes efforts téméraires,
Et quels dieux invoquer pour sortir d'embarras!

LE CHOEUR.
(*A part.*)
Sa fermeté chancelle;
Saisissons,
Enchaînons
Son audace rebelle.

(*Ils se jettent sur lui.*)

SCÈNE V.

ZEUXIS, ALCIBIADE, LE CHOEUR.

ALCIBIADE, *aux esclaves.*

Arrêtez !
(*Il fait signe aux esclaves qui s'éloignent.*)
Tu connais le destin qui t'attend ;
Tu peux encore t'y soustraire ;
Je veux oublier ma colère ;
N'écoute plus un vain ressentiment.

ZEUXIS.

Des fers à moi !.... Je succombe à ma rage.

ALCIBIADE.

Mets un prix à la paix, je t'en offre le gage.

ZEUXIS.

Je ne veux rien de toi.

ALCIBIADE.

D'une beauté volage
Je t'ai ravi l'hommage.
Venge-toi d'elle en l'oubliant :
Pendant qu'on pleure une infidèle,
On perd auprès d'une autre belle
L'occasion d'être inconstant.
Imite-moi : dans la tendresse
Je ne cherche que les plaisirs,
Et je crains plus pour la vieillesse
Les regrets que les repentirs.
Soyons amis, Zeuxis....

ZEUXIS.

Après un tel outrage,

Quand je suis dans ces lieux lâchement arrêté!
Fais-moi rendre ma liberté,
Et je pourrai prêter l'oreille à ce langage.

ALCIBIADE.

Sois libre au sein de ce palais;
Tu peux y commander en maître;
Les plaisirs, sur tes pas enchaînés désormais,
A la voix de Zeuxis s'empresseront de naître.

ZEUXIS.

Je veux ma liberté.

ALCIBIADE.

Venez, talents divins,
Beautés, plaisirs, troupe fidèle,
Vous dont la puissance éternelle
Dans des liens de fleurs enchaîne les humains.

SCÈNE VI.

ZEUXIS, ALCIBIADE, CHOEUR DE JEUNES ESCLAVES, *figurant les Graces, les Muses, etc.*

CHOEUR.

Honneur au peintre d'Hélène!
Au mortel rival des Dieux,
Soumis à sa loi souveraine,
Pour lui plaire enchantons ces lieux!
Honneur au peintre d'Hélène!

ZEUXIS, *à part.*

Minerve, à tant d'attraits viens me fermer les yeux,
Ou la victoire ici peut rester incertaine.

UNE JEUNE FILLE.

Le dieu d'amour et celui des combats

Invoquent de ton art la sublime magie ;
  En leur faveur que ta main multiplie
  Les traits charmants du fils de Clinias.

ZEUXIS, *à part*.

  De mon cœur je crains la faiblesse.

ALCIBIADE, *à part*.

Il se débat en vain, son cœur est agité ;
Il faudra qu'il succombe à cette double ivresse
  De l'amour-propre et de la volupté.

LA JEUNE FILLE.

  Cède à la douce volupté,
  Vénus par ma voix t'en supplie ;
  Zeuxis, les vœux de la beauté
  Sont des ordres pour le génie.

LE CHŒUR.

  Cède à la douce volupté,
  C'est Vénus même qui t'en supplie ;
  Zeuxis, les vœux de la beauté
  Sont des ordres pour le génie.

(*Un groupe de jeunes esclaves de l'un et de l'autre sexe, figurant les différents chefs-d'œuvre de la peinture et de la sculpture, entre, et exécute sur l'air suivant un pas de ballet, à la fin duquel chacun se pose dans l'attitude connue de la figure qu'il représente.*)

LA JEUNE FILLE.

  Du Plaisir aimables enfants,
  Vous fêtez le dieu des talents ;
  Que sa présence vous inspire :
    Dans votre heureux délire,
    Offrez à ses regards

SCÈNE VI.

Les monuments des arts
Que l'univers admire.

LE CHOEUR.

Du Plaisir aimables enfants, etc.

ZEUXIS, *avec enthousiasme.*

Rendez-moi mes crayons....

ALCIBIADE.

Son orgueil est dompté.

LE CHOEUR.

Céde à la douce volupté, etc.

(*Pendant ce chant, la jeune fille conduit Zeuxis vers le portrait d'Alcibiade. Les Graces lui présentent la palette et les couleurs; la Vérité, un miroir à la main, lui offre le pinceau. Les Graces placent le modèle. La muse de l'histoire suspend une double couronne sur la tête du peintre et sur celle du héros. Tous les personnages se groupent autour du tableau.*)

ZEUXIS *se dispose à peindre, Alcibiade sourit.*

Le piège est découvert, j'ai vu la trahison,
Ton perfide souris m'a rendu ma raison;
N'ayant pu m'effrayer tu croyais me séduire;
Tu n'y parviendras pas.

(*Il jette ses pinceaux et sort; le chœur s'éloigne.*

ALCIBIADE, *avec fureur.*

Je saurai te réduire,
Ou j'atteste les dieux que ta mort....

SCÈNE VII.

ALCIBIADE, ASPASIE.

ASPASIE, *riant*.

Un moment;
De votre autorité vous avez fait l'épreuve,
Permettez que de mon talent
Je vous donne à mon tour la preuve.

ALCIBIADE.

On parviendrait plutôt à fléchir les destins
Que ce caractère intraitable.

ASPASIE.

Moi j'ai l'art de dompter un mortel indomptable.
Vous le verrez bientôt, docile à vos desseins,
Solliciter ici la grace qu'il refuse.

ALCIBIADE.

Eh! tous vos efforts seront vains;
Insensible à la crainte, il échappe à la ruse.

ASPASIE.

D'Alcibiade il brave le pouvoir,
Et peut céder à celui d'Aspasie.

ALCIBIADE.

Avec mes yeux, ah! s'il pouvait te voir,
Notre attente serait remplie.
Mais pourquoi de son art trompeur
Invoquer la magie?
De ton amant tu possèdes le cœur,
Qu'importe de ses traits une froide copie?

SCÈNE VII.

ASPASIE, *riant.*

Il faut songer à l'avenir
Quand on aime un amant volage;
Chaque jour il peut nous trahir;
Il nous reste au moins son image.

ALCIBIADE.

S'il faut songer à l'avenir
Quand on aime un objet volage,
Il est prudent d'en obtenir
Au moins une fidéle image.
Mais quels moyens?....

ASPASIE.

Sa haine est armée en ce jour
Par l'amour et par la vengeance;
Et pour la ramener je prétends à mon tour
Armer en ma faveur la vengeance et l'amour.
Du succès je réponds d'avance;
Le farouche Zeuxis va devenir plus doux.

ALCIBIADE.

Il ne vous connaît pas.

ASPASIE.

C'est là mon espérance,
Et cet habit d'esclave.... Il vient, retirez-vous.

(*Alcibiade sort.*)

SCÈNE VIII.

ZEUXIS, ASPASIE.

ASPASIE, *sur le devant, feignant de ne pas voir Zeuxis.*
 Du fardeau cruel de la vie
 Ne pourrai-je donc m'affranchir?
 Sans voir ma carrière finie,
 Faudra-t-il plus long-temps mourir?
  ZEUXIS, *à part.*
Quelle est cette beauté?.... Dans mon ame attendrie
Sa voix douce et plaintive éveille la douleur.
  ASPASIE.
Sur des bords ennemis Théone est exilée....
  ZEUXIS, *à part.*
Ses larmes, ses accents ont pénétré mon cœur.
  ASPASIE.
Je ne vous verrai plus, murs chéris d'Héraclée!
  ZEUXIS, *avec transport.*
 Héraclée est votre pays?
 (*Elle paraît effrayée.*)
Ne craignez rien de moi.... Je me nomme Zeuxis.
  ASPASIE, *vivement.*
 Zeuxis! ce nouveau Prométhée,
 Dont les pinceaux audacieux,
 Animant la toile enchantée,
De la vie ont surpris le secret à nos dieux?
Zeuxis, l'honneur des lieux qui m'ont vu naître?
  ZEUXIS, *d'un air fier.*
 Il est devant vos yeux.

SCÈNE VIII.

ASPASIE.

Je me jette à vos pieds; contre un injuste maître,
    Contre un mortel odieux,
J'invoque en ce moment votre appui tutélaire.

ZEUXIS.

Ah! disposez de moi; pour vous que puis-je faire?

ASPASIE.

Aux bords siciliens, le destin des combats
Des fers d'Alcibiade a chargé ma jeunesse;
Sans égard pour mes pleurs, à mes faibles appas
Il offrit le tribut de sa fausse tendresse :
J'ai dédaigné ce cœur prodigué chaque jour;
Et, bravant ses rigueurs, ses bienfaits, et sa rage,
Maîtresse de moi même au sein de l'esclavage,
Je subirai la mort plutôt que son amour.

ZEUXIS.

Quels rapports étonnants! ma surprise est extrême;
Le sort par nos malheurs a voulu nous lier;
Alcibiade ici nous a traités de même :
Vous êtes sa captive et moi son prisonnier;
    Tous deux il prétend nous contraindre,
    Vous de l'aimer, moi de le peindre.

ASPASIE.

Mais c'est en vain; les immortelles sœurs
Du haut de l'Hélicon affrontent la tempête.

ZEUXIS.

De la beauté les timides faveurs
Sont le prix de l'amour, et non pas sa conquête.

ASPASIE.

C'est par des vœux que l'on doit mériter
Un trait de ce pinceau que la gloire environne.

19.

ZEUXIS.

C'est à genoux qu'il faut solliciter
    Un regard de Théone.
    (à part.)
Ah! si je pouvais à mon tour
Lui ravir l'objet qu'il adore.

ASPASIE.

Ah! l'étincelle de l'amour
Au fond de son cœur vient d'éclore.

ZEUXIS, *avec une sensibilité graduée.*

Jadis, empruntant quelques traits
Aux plus rares beautés d'Athène,
Dans l'immortel tableau d'Hélène
Je sus réunir leurs attraits :
Cette Hélène eût été plus belle,
Si l'amour eût alors vers moi guidé tes pas,
Et pour lui prodiguer les plus touchants appas,
    Je n'aurais voulu qu'un modèle.

ASPASIE, *en regardant Zeuxis avec modestie et tendresse.*

Ah! si du moins dans mes revers
D'un maître aimé j'eusse été le partage,
    Trop heureuse alors dans les fers,
    Je bénirais mon esclavage.

ENSEMBLE.

ZEUXIS, *vivement.*	ASPASIE.
Mais je pourrais briser tes fers,	Ah! si jamais dans mes revers
Belle Théone, accepte mon hommage;	D'un maître aimé je deviens le partage,
L'amour doit finir tes revers,	Trop heureuse alors dans les fers,
Et t'arracher à l'esclavage.	Je bénirai mon esclavage.

ASPASIE.

A cet espoir charmant mon cœur ne peut s'ouvrir,

SCÈNE VIII.

Et vous-même en ces lieux....

ZEUXIS.

Fiez-vous à mon zéle.
En immolant pour vous ma fierté naturelle,
D'Alcibiade ici je puis tout obtenir.

ASPASIE, *à part.*

Au piége où je l'attends lui-même il vient s'offrir.

ENSEMBLE.

ASPASIE, *avec amour*.	ZEUXIS, *avec transport*.
Délivrez la triste Théone;	Seche tes pleurs, belle Théone;
Soyez son appui, son vengeur;	Je suis ton amant, ton vengeur;
Zeuxis, au vœu de votre cœur	Dans l'espoir prochain du bonheur,
Sans crainte le mien s'abandonne.	Que ton cœur au mien s'abandonne.

ZEUXIS.

Afin d'assurer mes projets,
Pour un moment encore
Qu'Alcibiade ignore
Que mes yeux ont vu tes attraits.

ASPASIE, *tendrement, et sortant.*

Vous tenez dans vos mains le destin de ma vie.

SCÈNE IX.

ZEUXIS, *seul.*

Oh! de l'amour puissante sympathie!
Elle m'adore, et le même moment
A vu naître et combler mon vœu le plus ardent.
Reviens, Alcibiade, à tes ordres docile,
Je vais peindre en riant le vainqueur de Sicile;
Mais ce bienfait exige de ta part

Un sacrifice sans murmure;
Pour obtenir le chef-d'œuvre de l'art,
Cède celui de la nature.

SCÈNE X.

ALCIBIADE; ZEUXIS.

ALCIBIADE, *froidement.*
Puisque rien ne peut te fléchir,
Et que toujours ton ame altière
A la menace, à la prière,
A mes bienfaits refuse de s'ouvrir,
Je dédaigne, Zeuxis, d'employer ma puissance
A forcer ton obéissance;
Mon palais est ouvert, et tu peux en sortir.

ZEUXIS.
C'est à présent, Alcibiade,
Que je consens à répondre à tes vœux;
Sans que ma fierté se dégrade
Je puis me montrer généreux.
D'Apollon et de Mars resserrons l'alliance;
Pour t'immortaliser je reprends mes pinceaux.
Mais de mes nobles travaux
J'exige une récompense.

ALCIBIADE.
Mon crédit, ma faveur, ma fortune est à toi.

ZEUXIS.
Un semblable salaire est indigne de moi.
Séduite par tes soins, une esclave parjure
A trompé ma tendresse; elle a trahi sa foi;

SCÈNE X.

C'est à l'amour d'effacer mon injure.
Parmi tant de beautés esclaves sous tes lois,
Qu'il me soit libre ici de proclamer un choix.

ALCIBIADE.

J'y consens; à ce prix tu peux en choisir une.

ZEUXIS.

Tu promets à mes vœux de n'en soustraire aucune?

ALCIBIADE.

Toutes vont paraître à tes yeux:
(*A un esclave.*)
Volez, esclave, et sur vos traces
Ramenez bientôt en ces lieux,
Parmi les plaisirs et les jeux,
La troupe légère des graces.

ZEUXIS.

Maintenant des dieux immortels
Prenons à témoin la puissance,
Et par des serments solennels
Dévouons le parjure à leur juste vengeance.

ENSEMBLE.

Dieux justes, soyez les garants
Et les témoins de ma promesse,
Et que votre courroux me poursuive sans cesse
Si je trahissais mes serments.

SCÈNE XI.

LES MÊMES, CHOEUR DE FEMMES.

LE CHOEUR.

Un maître chéri nous appelle;
Mes sœurs, accourons sur ses pas;
Disputons d'amour et de zèle
Auprès du fils de Clinias.
(*Elles entourent Alcibiade et Zeuxis.*)

ALCIBIADE.

Choisis, Zeuxis, et nomme celle
Dont tu préfères les appas.

ZEUXIS.

Jamais tant de beauté, de graces séduisantes
    N'ont enchanté mes yeux surpris;
    Mais parmi ces nymphes charmantes
Je ne vois point celle que je chéris.

ALCIBIADE.

Sur aucune autre ici je n'ai les droits d'un maître,
Et tu voudrais en vain....

ZEUXIS.

        Songes à ton serment.

ALCIBIADE.

Je le tiendrai; nommez-moi seulement
Cet invisible objet....

ZEUXIS, *voyant entrer Aspasie.*

        Tu peux le reconnaître,
C'est Théone.

SCÈNE XI.

ALCIBIADE, LE CHOEUR, *avec surprise.*
Théone!

ZEUXIS.
Elle a fixé mon choix,
Et l'amour en secret l'un à l'autre nous lie.

ALCIBIADE, *riant.*
Tu le veux, j'y consens.... Je te cède les droits
Que j'ai sur Aspasie.

LE CHOEUR.
C'est Aspasie.

ZEUXIS, *avec étonnement.*
Elle, Aspasie! eh quoi!
(*à Aspasie.*)
Ton récit n'est donc pas sincère?
Tu voulais surprendre ma foi;
Tu n'es donc pas son esclave?

ASPASIE.
Au contraire.

ALCIBIADE.
Tu peux méconnaître ces traits
A qui la Grèce rend les armes?
Eh! quelle autre beauté jamais
A pu réunir tant de charmes!
La seule Aspasie a le droit
D'enchaîner à son char tous les cœurs sans réserve;
C'est Vénus alors qu'on la voit,
Quand on l'écoute c'est Minerve.

LE CHOEUR.
Peut-on méconnaître ces traits, etc.

ZEUXIS.
Puis-je méconnaître ces traits, etc.

ASPASIE, *à Zeuxis.*

Pardonne un innocent détour,
Et comble enfin notre espérance;
Aujourd'hui dupe de l'amour,
Un rival rit de ta souffrance;
Demain il peut avoir son tour,
Et sa complice quelque jour
Peut l'être aussi de ta vengeance.

ZEUXIS.

Je ne puis résister à cet espoir si doux,
Et je sens dans mon cœur expirer mon courroux.
(*Après un moment de réflexion.*)
J'achèverai cet immortel ouvrage;
Trop heureux fils de Clinias,
Sous mes crayons tu revivras,
Et les jours que tu me devras
Du temps ne craindront pas l'outrage.

ASPASIE.

Nous avons vaincu sa fierté!
Volez tous deux au temple de mémoire;
Les pinceaux de Zeuxis, les lauriers de la gloire
Sont les garants de l'immortalité.

ZEUXIS.

Du génie et de la beauté
Consacrons la puissance.

ALCIBIADE.

Des arts et de la liberté
Célébrons l'alliance.

ASPASIE.

Vainqueurs de leurs tyrans,
Libres de leurs entraves,

SCÈNE XI.

L'amour et les talents
Ne sont jamais esclaves.

LE CHOEUR.

Du génie et de la beauté
Consacrons la puissance;
Des arts et de la liberté
Célébrons l'alliance.

(*La pièce est terminée par un divertissement allégorique figurant l'alliance de la liberté et des arts.*)

FIN.

TABLE

DES PIÈCES CONTENUES DANS CE VOLUME.

Essai sur la poésie légère.	page 1
Des différents genres de poésies légères.	2
De la chanson.	4
La chanson religieuse.	6
La chanson politique.	8
La chanson guerrière.	16
La chanson philosophique.	22
La chanson satirique ou vaudeville.	26
La chanson bachique.	32
La chanson érotique.	38
La chanson grivoise.	45
La chanson villageoise.	50
La romance.	56
Des autres genres de poésies légères.	62
Le madrigal.	ibid.
L'épigramme.	65
Le quatrain.	71
Le distique.	73

POÉSIES LÉGÈRES.

CHANSONS.

La marchande d'Amours.	77
Éloge du temps présent, vaudeville.	80
Les anciens et les modernes.	84
Petit bon homme vit encore.	87
L'impromptu de boudoir, dialogue entre une femme sensible et un jeune impertinent.	89

La nature.	92
Curiosité n'est pas vice.	95
Éloge des orages.	97
Les épitaphes.	100
La loge grillée, ou le provincial au spectacle, anecdote dramatique.	103
Le rocher de Cancale.	105
La franche coquette.	108
Voilà le diable à confesser.	110
L'inconstance justifiée.	112
Les occasions de gaieté, ronde à rire.	115
Restons à Paris.	118
Honni soit qui mal y pense, vaudeville.	121
Précautions contre la fortune.	124
Adieux à Sophie, romance. (1786.)	127
C'est trop fort.	129
Les voyages de l'Amour. (1794.)	132
L'ombre de Marguerite, romance.	136
Les nouveaux sorciers, vaudeville.	139
Ce ne sont pas des chansons, pour une fête de Louise.	143
Le lit et la table, chanson de table.	145
Pour la fête de mademoiselle Contat, le 25 août 1806.	147
Mon Credo.	150
Romance.	152
Le dey d'Alger, ronde impromptu. (1813.)	153
La plus belle est celle qu'on aime.	157
A Adèle, le jour de sa fête, 15 décembre 1806.	159
C'est M. Bernard de Versailles, vaudeville.	161
A Legouvé, le 25 juin 1806, jour de la première représentation de la mort de Henri IV.	163
La plus belle des belles, romance anglaise.	165
Le désespoir, romance.	167
La mieux aimée, romance.	169
Romance sur la mort d'un fils. (1794.)	171

A madame R..... de S. J... d'A....., le jour de sainte Françoise. 174
A madame Stéphanie le C... 175
L'Amour en apprentissage, vaudeville. 177
Conseils à Sophie. (1781.) 181
Relâche. 183
La mégalanthropogénésie, dialogue entre monsieur et madame Gervais. 184
Chansonnette. 187
Couplets impromptu à l'occasion de ma sortie de prison, et chantés à la suite d'un banquet que nous donnèrent quelques amis, le 23 mai 1823. 188
Le tombeau de Myrthé, romance pastorale. 190
Couplets à mademoiselle Contat, après lui avoir vu jouer les rôles de la Mère Coupable, la Femme Jalouse, madame Évrard dans le Vieux Célibataire, et Roxelane, où elle fut couronnée par les acteurs. 191
Zélia au bord de la mer, romance. 193

SCÈNES LYRIQUES.

Agar dans le désert. 197
Les derniers moments du Tasse, cantate. 202
Héro attendant Léandre, monologue lyrique. 204
Marie Stuart, monologue lyrique. 206
Chanson de mort d'un sauvage iroquois. Traduit du langage de cette peuplade. 209

POÉSIES DIVERSES.

Mes voyages, épître en vers libres. (1791.) 213
Fragment d'une épître à Sophie. (1793.) 220
Les trois roses, stances. 223
Le philosophe. 226
L'homme et la mouche, fable. 227
Le bonheur d'une fille. 228

TABLE.

Épithalame.	229
Le bon baiser, stances.	230
Le ver luisant et le ver de terre, fable.	231
A mademoiselle D..., en lui envoyant un serin.	234
Vers à mademoiselle Contat, après une représentation des Amours de Bayard.	235
Les abréviateurs.	ibid.
Le testament de l'Amour.	236
L'amant heureux et modeste.	240
Épigramme.	ibid.
Confucius à la porte du paradis.	241
Les mouches et le vase de sorbet, apologue oriental.	242
Épigramme traduite du grec.	246
Sur le livre des souvenirs de Laure T...	ibid.
Épigramme.	ibid.
Autre, traduite de l'espagnol	247
La lavande et la rose, fable.	248
Épigramme.	251
Autre.	ibid.
Autre, traduite de Waller.	252
Le plénipotentiaire réservé.	ibid.
Fable imitée du russe. (1821.)	253
Madrigal à mademoiselle R..., qui s'affligeait de ne pas connaître ses parents.	254
A madame Branchu, en lui envoyant la partition de l'opéra de la Vestale, de la part du compositeur.	255
Vers inscrits au bas d'un pêcher en fleur.	ibid.
A madame de B..., en lui envoyant le Paradis perdu.	256
Épigramme.	ibid.
L'ami fidèle, stances.	257
Naïveté.	259
La relique de saint Joseph.	ibid.
Madrigal à madame de Saint-I...., sur un signe couleur de rose.	260

Madrigal sur une bourse donnée et faite par madame ***. 261
Épigramme sur de mauvais danseurs dansant au son d'une bonne musique, imitée de Carningham. *ibid.*
Autre. Définition de l'amour. 262
Autre, à une jolie dévote. *ibid.*
Origine des Album, à M. L. Garneray. 263
A madame J. D... 265
Fragments d'une comédie intitulée *Une Française.* 266
LA LIBERTE ET LES ARTS, scènes lyriques représentées sur un théâtre de société, à l'occasion d'une fête donnée à David. (1802.) 273

FIN DE LA TABLE.

www.ingramcontent.com/pod-product-compliance
Lightning Source LLC
Chambersburg PA
CBHW071534160426
43196CB00010B/1766